从一万到百万的期货技法

(第二版)

一　阳　白云龙　著

地震出版社
Seismological Press

图书在版编目(CIP)数据

从一万到百万的期货技法/一阳，白云龙著.—2版.—北京：地震出版社，2019.12

ISBN 978-7-5028-5086-9

Ⅰ.①从… Ⅱ.①一…②白… Ⅲ.①期货交易—基本知识 Ⅳ.①F830.9

中国版本图书馆CIP数据核字(2019)第188807号

地震版 XM4451/F(5804)

从一万到百万的期货技法(第二版)

一 阳 白云龙 著

责任编辑：刘素剑 吴桂洪

责任校对：凌 樱

出版发行：地震出版社

北京市海淀区民族大学南路9号 邮编：100081

发行部：68423031 68467993 传真：88421706

门市部：68467991 传真：68467991

总编室：68462709 68423029 传真：68455221

证券图书事业部：68426052 68470332

http://seismologicalpress.com

E-mail:zqbj68426052@163.com

经销：全国各地新华书店

印刷：北京兴星伟业印刷有限公司

版(印)次：2019年12月第二版 2019年12月第三次印刷

开本：787×1092 1/16

字数：162千字

印张：12.5

书号：ISBN 978-7-5028-5086-9

定价：39.80元

前　言

持久有效的方法是实现一万到百万的基础。

我曾对许多读者朋友说过一句这样的话：我的操作方法永久生效，只有持久有效的方法才是一万到百万的基础所在。对于“我的方法永久生效”这句话，许多投资者朋友可能认为又是为了吸引人的眼球，且不做辩解，听我一言。

首先，我的方法永久生效是有前提的，这个前提是：在交易制度不变的情况下，才会永久生效，一旦交易制度改变了，玩法也就不同了，方法也得随之调整。

其次，这一句话并不是为了吸引人的眼球，而是实打实的事情。如果一个方法不可以长久的有效，那些从事了十几年几十年的世界级投资大师的交易方法岂不是每年都要变？他们的交易方法变过吗？只不过是微调，大的框架不可能变，比如投资大师巴菲特老先生，他的价值投资方法变了吗？再比如，投资者入门知识，W底与M头形态，这种分析方法年头久远了吧？它们失效了吗？是不是依然在发挥着作用？哪个成熟的投资者见到这样的形态会不心动？

市场里也有一句这样的话：市场中没有一个方法可以永恒，这句话对不对呢？如果结合形态的时效性，它是正确的。比如下跌行情中，要运用做空的方法，一旦上升趋势形成，这些做空的方法自然也就无效了，所以，做空的方法是不会永恒的，因为涨跌总会交替。而一旦未来某一时间再度形成空头趋势，那这些做空的方法又将会发挥作用，为投资者带来盈利。其实这些方法是永恒有效的，只不过要在符合它自身交易条件的情况下才是永恒生效，一旦不符合它的交易要求也就无法生效了，我的方法也是这个意思，只要符合外在的条件，无论什么时候都有效，但做空的方法你用在上升过程中，又怎么可能长久有效？

那么，我又何来的底气敢说我的方法在交易制度不变的情况下永久生效呢？我们先从股票市场来说，2003 年 9 月我出版的第一本股票书，距今已有 11 年的时间了，在股票市场交易制度已改变的情况下(融资融券、股指上市、对新股的种种限制条件)，我 11 年前那本书中为大家讲到过的方法，至今依然有效，依然可以用 10 年前书中的方法找到好的股票！再从期货市场来说，我于 2009 年出版了第一本期货书，至今已有 5 年的时间了，书中所讲到的方法，至今也依然有效，5 年前在用这些方法交易，到了现在依然在用这些方法交易！这两点使得我有绝对的底气说出这样的话！

君若不信可以这样：你打开我第一本股票书或期货书，翻看其中的案例走势，你请看一下，11 年前或是 5 年前我列举的一些图片案例，是不是可以在近期市场中找到相似度在 90%以上的走势？我同样有绝对的信心告诉你，在近期行情中你必然可以找到相似度极高的走势。

形态一致或极为相近，这些操作的方法又怎么可能会变？我说我的方法可以长久有效又有什么错误呢？学习，就要学这些永久不会失效的方法，因为这些方法把握住了市场的核心。市场中的寿星都是年复一年地使用着同样的交易策略，有哪位交易寿星今天用这样的方法，明天用那样的方法？而这样做的人，反而是市场中的短命鬼。

为各位读者朋友说方法的持久有效，目的是告诉大家：笔者的这些方法你不用担心时效性问题，只要学好它，实战中运用好它，一万到百万并不是梦，你所要做的就是不断地复制这些方法。

最后再说两件事：一是本套图书是一个系列，因此，内容将会由浅入深地与各位读者朋友进行交流，对于有较高水平的读者朋友来说，本书部分内容可能满足不了你学习的要求，还望见谅。二是关于本书的插图，其实这个问题早有许多读者反映过：说左侧分时图的数据怎么与右侧的数据不符，这图是怎么做的？这真不是一个错误，笔者交易时用的是博弈大师看盘，你也可以照试一下：右侧只会显示当天的数据，这是不变的，而左侧的分时图走势则可以调出任何一天的，一旦调出历史的分时图，就必然与右侧的数据不符了，这个问题无法解决。如果你经常复盘，这个问题就知道是怎么回事了。

为回报各位读者朋友一直以来的支持，凡购买本书的投资者，均可联系我的助手获得赠送20个内部培训视频课件，并可参与每周一、三、五晚笔者举办的公开视频培训。以此希望为各位读者朋友带来更多有实战性的操作技巧。

联系方式：

QQ：987858807（联系助手索取课件）

电话：13810467983（敬请短信联系）

一　阳

2015年3月18日

目录

第一章　一万如何变百万

期货市场中有许多短时间内暴富的案例，但其中许多案例并不适合广大的普通投资者。比如头几年的棉花上涨行情造成了多位亿万富翁，令许多投资者十分向往。但了解这些获得暴利投资者的历程便可以知道，其做法非常激进，看准行情大仓位的打进去，不理会浮亏，一旦有盈利便加仓，能加多少加多少，资金决不空闲，一旦行情向持仓方向波动，自然暴赚。不要说人家运气好，光是这份胆识，有几个人能够受得了？反正笔者是做不到的，因此，羡慕人家暴赚的同时，也深知自己还得做一头老慢牛，一步步地往上爬。

也有一些获得巨利的投资者，在实现巨利之前出现过多次爆仓的经历，因为做错了方向，而一旦抓住一波行情，一切都全部加十几倍甚至上百倍地回来了。谁又能承受多次的爆仓本金全无？你承受不了这些，那也就不要向往巨利了，这种需要承担大风险来获得巨利的方式不是你的，或是不是我的生存之道。

本书为各位读者朋友所讲述的方法适用性广，并非个别特例。也只有适用性广，才可以帮助更多的投资者实现稳健盈利之路，为一万到百万打下基础！

第一节　一万到百万的心态要求

在期货市场中进行交易，心态极为重要，笔者常说：七分心态，三分技术。就算你技术再高，一旦心态乱了，一切都无效，你的技术不可能在心态乱的时候发挥出来。所以，在交易的时候，不仅要随时留意技术形态的变化，更要不断的审视自己心态的变化，如果心态不稳定，就必须停下来交易，什么时候心态恢复了平静，什么时候才可以重新去战斗。有一定的技术，但因为心态不稳定而出现较大亏损的案例简直是太多了。

影响交易时稳定心态的因素是有很多的，亏损时的恐慌或是急于扳本，盈利时的大意，机会到来时的手忙脚乱，机会错失后的懊悔，这些都是交易本身所产生的影响因素，除此之外，还有许多其他的影响因素也需要注意。现在开通了夜盘，比如熬夜以后，必然会影响第二天的精神状态，熬夜容易导致记忆力下降，还容易导致阴虚火旺，第二天的情绪就容易变得急躁缺乏耐心，这种情况又怎么利于交易？同时，生活上的事情也容易影响投资者的交易心态，一起床跟家人吵了一架，这一天还是别交易了，你的心态不可能稳定下来。

除了直接交易的心态，投资者还必须要有自信。其实当许多投资者看到：一万到百万这个题目时，心中必然生疑了，又一个吹牛的。你这是有自信的表现吗？笔者要交代些什么都没看，上来就持怀疑的态度，你已失去了一万到百万的自信基础！自己都不相信自己能够做到这样的收益，又怎么会有成功的可能？无论哪个行业，那些成功的人士哪个没有拥有强大的自信？哪个不是相信自己可以成功？

当然光有自信心也是不行的，如果技术能力跟不上，这个自信就是盲目的自信，是没有根基的自信。你首先要具备一定可以学习好的自信，就算学习之路再难再苦也不怕。通过自学，或是跟着老师学习好了技术，就要有成功的自信，相信自己的技术能力，相信自己一定可以实现一万到百万的梦想！

除了要有自信以外，还必须要有野心！一万到百万只是起步，目标绝不能只停留在百万上，百万现在够干什么？二三线城市也就是一套房，一线城市也就是一个客厅。你的野心不能只这么小！野心有多大，路才有多宽。如果你觉得一万到百万是不可能的事情，那么，你不仅没有自信，更没有野心，这样的人无论做什么，都不可能成大事。

不要认为这是说教，这是成功者必备的品质。虽然市场中那些获得巨利的投资者只是一些特例，但从这些特例中不难发现，这些巨利的获得者都有着极大的野心，如果没有极大的野心，也许赚上一两倍的利润早就平仓了，哪里还能赚到上亿甚至十几、几十亿的巨利？

所以成功地走出第一步：一万到百万，你要平衡交易时的种种心态问题，你要有无坚不摧的自信心，更要有吞天的野心，这些缺一不可。

第二节　一万到百万的技术要求

控制好心态，拥有自信与野心，这是任何行业成功的基础之一，在期货市场中，想要成功，更多的则是依靠全面且系统性的技术，空有一腔热血，而没有真正有效的技术，想凭运气在这个市场获得成功，这是绝不可能的事情。

在期货市场中实现盈利，以笔者的观点来看，投资者需要具备以下几方面的交易技巧或是交易能力。

一、周全的风控措施

这是保障你不会死在战场上的根本，命都没了，还拿什么上阵杀敌？就目前的状况来讲，每位投资者都有自己的一套风险防范措施，但很多时候又形同虚设，亏到了止损位处，种种舍不得导致小亏变大亏，大亏变得无法收场，只能死扛到底。亏到了点儿，止损，这种痛只是一会儿的事，转天就忘了。但如果一旦死扛到底，资金不仅要受到巨大的亏损，精神也要倍受摧残，何苦来呢？

二、整体盘面的识别能力

整体盘面就是当面的各品种的大环境，如果对大环境都判断不出多空状态，又怎么可能对其中的某一个品种很好地进行交易呢？而关于整体盘面多空的识别方法，算是笔者的专利了，也是期货市场中第一个提出：弱多、强多、弱空、强空、分化市场、多头中的弱空、多头中的强空、空头中的弱多、空头中的强多定义的人。多空市场的划分极大地简化了分析的流程，使得分析结论做到了统一化，在统一化的分析结论下，其交易的策略与细节手法也做到了统一。

三、品种强弱识别能力

不管是做多还是做空交易，要做到擒贼先擒王，只有王者才可以涨得更多，或是跌得更多，对这样属性的品种进行交易，资金的盈利才会更高。如果总是对那些涨幅较小的品种做多，或是对跌幅较小的品种做空，收益是不可能高起来的。

四、交易方向确定的能力

交易方向算是重头戏，交易的方向搞错了，就算开仓点位再有技术上的理由，也无法实现盈利，只有方向对了，才可能产生盈利。交易方向的确定说简单也简单，但说难也的确是一个件难事，那么多投资者亏钱，主要的原因不就是交易的方向出现了问题吗？

五、开仓细节处理能力

价格的波动形态多种多样，这就意味着开仓的方式多种多样，价格形态是不断变化着的，这也就意味着这种形态有可能转变成为另一种形态，如果识别不出形态有可能的演变，开仓时的策略制定也就很难周全。

六、持仓的处理能力

开仓之后接下来要涉及的技术点就是持仓技巧了，开仓点再完美，如果持仓技巧运用得不好，也难以实现较高的收益。虽然说赚到钱就是赢家，但赚多赚少差别还是蛮大的。开仓点处理正确，决定盈利的开始，能赚多少钱取决于持仓的能力。

七、平仓细节处理能力

在实际交易过程中，投资者常会出现这样的问题：原本一笔单子是盈利的，结果却亏着出来了。这种现象的出现一是由于持仓技术不到位，二则是由于平仓技巧的缺失。知道什么时候开仓，什么情况下持仓，更要知道何时应当平仓，这样做才算得上是一次完美的技术性交易。

掌握了以上技术，再配合稳定的心态，别说一万到百万了，就是一万到千万也不是什么难事。当然，话说起来简单，做起来却比较难了，否则，这个市场中还怎么会有那么多投资者亏损呢？虽然有难度，但只要有信心、有野心、有稳定的心态、有成熟的技术，这事也就并不怎么难了，会者，难者亦易矣！

第三节　一万到百万的理性时间

把一粒种子播种到地里，不可能马上就生根发芽，做投资更是这样，千万不要想着一夜暴富，虽然有这样的例子，但是都属于是无法复制的特例。路要一步步地走，饭要一口口地吃，钱也要一分分的赚。一万到百万需要一个过程，绝不是明天睡醒了钱就赚到了。就算是某个品种的价格天天涨停，你做多有盈利就加仓，一万到百万也就是说一两天或是一两周就能达到的吧？

一万到百万在技术发挥正常、心态稳定的情况下，需要多长时间呢？笔者的观点是：需要 4 年的时间！

看到这里，相信许多朋友大失所望，这么久啊！贪心了不是？仔细想一下，你拿一万块钱做什么可以在 4 年之内赚到 100 万？请你说一下？除了期货，国内还有什么合法的交易平台可以实现？还有什么行业能够实现？如果有，麻烦你告诉我一下，咱俩携手一起干去。

4 年的时间，一万到百万，等于 4 年净赚了 99 万元，一年赚 24.75 万元，合每月赚 2.06 万元。这样的收入水平，在国内来讲，算是绝对的高薪了吧？你的工资有这么高吗？全国又有多少人可以拿到这么高的工资呢？你却还不满足。且不说投资期货，假如一个单位招工，工作期限为 4 年，每天只上 4 个小时的班，节假日照常休息，4 年期满 99 万的工资，你看看会有多少人去应聘。

觉得 4 年的时间过于漫长，只能说太贪心了，没有任何耐心，这是成功者具备的素质吗？这是失败者必有的素质。巴菲特那么多的财富，绝大部分都是在 60 岁以后赚到的，想要成功是不是要学习这些成功人士所具备的品质呢?

为什么一万到百万需要 4 年的时间，又该如何制定收益的计划呢?笔者是这样做计划的，当然，这个计划也是有前提的，就是前边说的：在技术发挥正常、在心态稳定的情况下，脱离了这两点，实际情况也就将与计划完全脱节了。

一年 12 个交易月，每个交易月不需要赚太多，只要 10%就可以了，按 10%的保证金计算，一个月也就是总资金捉住 1%的波动就可以赚出来了，如果不是大仓位做日内，就算半仓做日内交易，一个月捉住 2%就赚出来了。哪个品种一个月的波动幅度没有 2%?这样的波动幅度要求并不过分吧?

有的朋友可能会想，一个月 10%真不敢想，的确是这样，以前你什么方法都不会，怎么可能做到?打麻将是不是也得学学怎样和牌?何况期货交易这里边还有这么多门道。有了技术这并不是什么难事了。一个月 10%，一年赚一倍多，对于有些投资者来说，这样的收益一两个月或是三四个月就轻松达到了。笔者在本金较少的时候，也多次在半年以内实现了翻倍收益，这并不是太难的事情。当然，现在运作的资金规模上去了，这样的收益也就不敢想了，毕竟大资金与小资金的玩法不一样，小资金可以放手去搏，大资金则更注重资金的安全性。同样的盈利 10%，对于 1 万元来讲，只不过 1000 元的盈亏，放谁身上都无所谓，但对于上千万的资金来说，一个 10%可就是上百万的盈亏，资金数值差异还是非常大的，盈亏带来的感受自然极大的不同。

另一点就是，一万到百万的日内交易模式只适合于小资金，完成了这个起步以后，后面的交易手法也就必须要变了，并且收益预期也必须要大幅降下来，对于大资金来说，一年实现 40%～60%的收益已算是极高的收益了，但对小资金这点收益却是不解渴的。因此，大资金与小资金的玩法不仅不同，收益的预期也是有极大落差的。小资金交易灵活，进退自如，资金一大，交易的对象少了，交易的机会少了，交易的模式少了，收益率自然也就少了许多。

在实际交易过程中，一万到百万是我们的目标，但请不要将其作为唯一，交易的真正目的是使资金实现稳定的收益，只要达到了这一目的，就算 4 年的时间没有把资金从一万做到百万，那你也是一位成功的投资者。局限于“一万到百万”这 4 个字中，其实已注定了你是一个失败者，因为你的眼中只有收益，这与赌红眼的赌徒没有什么区别。

第二章 投机交易常见错误

这个市场里许多人对错误的认识是：一个错误不要再去重复，一个错误只犯一次。其实我对这样的话持否定的看法，我认为在投资市场里，无论是谁都必然要不断地犯错，并且是重复地犯错，无论是谁都做不到错误只犯一次。水平的高低就在于在犯错的时候，谁可以犯得更艺术一些，同样的错误，你赔10000，我赔2000，这就是区别。

听评书的时候，可以常听到这样的段子，某位侠客被敌人算计，一招不慎将要吃败仗，当对方的一脚向小腹踢来时，如果躲闪不及，必将肝肠寸断，但这位侠客用力腰身一拧，将屁股冲向敌方，那一脚结结实实踢在了屁股上。同伙搭救并无致命伤，仅是受了皮肉之苦。

这其实就是一种犯错的艺术，错是犯了，但将错误造成的影响减小到最小。所以，我希望朋友们不要再去想着什么只犯一次错的美事，这就跟追求卖在最高、买在最低一样不切实际。

第一节 错误操作的根源所在

在实战操作的时候，出现了错误都会付出代价产生亏损，这个时候，人的心态往往是不怎么舒服的。不管是100万亏了100块，还是100万亏了10几万，都不如赚了要爽。这个时候，我们就会发现一个问题，一旦心情不爽了，往往就会接二连三地出错，我们以往只是笼统地将其归结为：心态受到了影响，所以技术难以发挥出来。

现实中我们也会碰到很多这样的例子，比如一个学生平时的学习成绩很优秀，但一到考场由于紧张就没有考好；再比如，那些围棋高手，他们坐在一起下棋，其实并不完全是在下技术，而是在下心态。我始终觉得他们之所以下一粒棋要很长时间，其实并不仅仅是在思考下一步的打算，而是在不断地调节自己的心态，谁的心态一乱，谁就已经输了。

我们操作错误的根源其实也是这样，很多时候并不完全是技术的事情，而是心态影响了我们的技术。比如在开盘前和人大吵一架，我就不信你今天可以顺顺利利地赢钱。我认为七分心态，三分技术，心态不稳，再高的技术也白扯，你照样发挥不出来。当然这二者相互依存，你说你没有技术，只有心态就想赚钱，这也绝不可能。光有技术而没有心态，也是很难赚到钱的。

那心态这东西到底是什么？为什么我们的错误要被它来主宰？我其实也是一直在思考这个问题。偶然一次的灵光一闪找到了答案。

其实心态这东西就是我们体内的化学反应。比如你碰到了一件高兴的事情，体内会分泌一系列的激素而让你的心情变得愉快。而碰到了一件悲伤的事情，体内又会分泌一系列的激素让你的心情变得沮丧。人们悲喜之类的心情全部由体内的化学反应来支配。而化学反应一旦开始，不加入外部影响因素的话，它们就不会停止，直到完成，或是体内代谢完这些激素。

所以，当我们身体代谢完那些令我们愉快的激素后，我们的心态就会恢复平静。同样，那些令我们沮丧的激素代谢完之后，我们的心情也会恢复平静，而不再感到悲伤。直到你再度想起这些事，引发体内化学反应开始的时候，心情又会变得高兴或是悲伤起来。

我们都说最大的敌人并不是别人，而是自己，其实就是这个意思，你的敌人就是你体内的化学反应，不可终止的化学反应。当你感到恐惧而开始忧虑的时候，你的化学反应已经开始产生，你一直想这件事，这个化学反应就会一直持续，这个时候，任何人的心态都绝对不可能是平静的。而在不平静的时候做出的决策往往都缺乏客观性，必然会带有明显的主观意识，因此，将会导致操作错误的出现。

也许你会质疑我说的这个事，其实很简单，想一想公安破案时用的测谎仪就能明白，人说真话的时候，因为叙述的是真实的事情，所以，不会产生额外的化学反应；而当你说假话时，体内必然会产生额外的化学反应，所以，测谎仪就会查出来。

再者，中国有句古话：祸不单行。其实也可以用我的说法来理解，出了一次祸，心情就会产生变化，在这种不良化学反应的支配下，难免会再次做错事情，所以，祸会接连而来。操作也是如此，做错一次，会让人心情很难受，只要你不想办法加入外部因素改变这种状况，那么，你就无法恢复平静的心态。

那该如何去恢复呢？我经常对朋友们说，如果你在一个品种上做亏了，就最好别再碰它，而要去换一个品种做，否则你一看到它就会想起自己刚刚亏损的经历，化学反应又如何停止？换一个品种，分散一下注意力，加入外部因素干扰之前化学反应的延续，让身体尽快将不良的激素代谢掉，这样才可以保持好的心情，这是一个方法。而更好的方法就是当发觉我们心态受到影响时，请暂时离开，到外边抽根烟，或是关掉电脑跑一圈步，加入一些外部影响因素，阻止不良化学反应的延续，让它停下来并由身体代谢掉它们。

这些内容我是从另一个角度来解释心态变化的原因，因为在技术上已经有太多的人对此说明，我也就不再重复，这些新的视角希望能对大家有所启迪。因为你对抗的是不加外部因素无法停下来的化学反应，我们所能做的就是加一些影响因素，来让身体最快地代谢掉它们。因为这些结论完全可以得到医学的支持，也算是科学的，因此，我们必须要进行了解，以找到化解的方法。

第二节　频繁交易

频繁地交易是操作中的大忌，但凡每天交易次数超过 5 次的投资者，基本上都是赚不到钱的。同样，笔者也不再重复别人所讲过的技术性的解释，也从一个新的视角来为大家讲解为什么频繁交易不可能成功。

第一个话茬：看一些历史书或电影电视，我们可以看到这样的话，某个朝代灭亡了，是因为气数已尽；第二个话茬：麻将很多人都玩过，玩过的人会有这样的经历，某个时候手气很背，怎么也不开胡，但某些时候，就会手气很顺，什么牌都自摸开胡。

这些其实反映的是时运的转换和物极必反的道理。我们必须要相信时运的转换，这就像人生的高潮与低潮一样，任何人不可能一辈子都是高潮，也不可能一辈子都是低潮。就像价格的波动，时运好了，价格连续上涨；时运转换，价格转为下跌一样。

我更喜欢另一句话，也许它更能说明频繁交易的危害：一生二，二生三，三生万物。很有哲理的一句话。放在这个市场中，我的理解是：一生二，二生三，三生变化。

价格放量涨了一波，还会涨第二波，但第三波是否还能上涨就不太好确定了，一波二波上涨后的第三波就很容易产生变化。这就像艾略特波浪理论一样：1 浪上涨，2 浪调整，3 浪上涨，4 浪调整，5 浪上涨而后 ABC 下跌浪一样。从上涨角度来看，5 浪也就是第三次上涨，就产生了 ABC 的变化，但并不是说第三次的上涨都是必然出现的，因为 5 浪的失败即是第三次上涨的失败也是常有的事。但在波浪理论中，没有说第一第三浪的失败，失败针对的就是 5 浪，也就是第三次上涨。

同时，还有一句俗语：有一有二，不能有三有四；另一句：一鼓作气，再而衰，三而竭。都是说的三这个数容易发生变化。

这样的经历相信很多朋友都有过，一笔操作赚钱了，乘胜追击再做一次又赚到了，接着再做，到收盘之前赚的钱全吐回去了。这个事从技术是很难找到原因，只能说是心态的事。但其实如果根据这些道理来看，的确是有一些无法解释的因素在里边。

首先，连续操作之中必然附带着时运的转变，好运气过气了，转变成了坏运气，自然难以赚到钱。同时，一次赚钱，二次赚钱就像是波浪理论，第一次第二次上涨都是确定的，唯独第三次上涨产生了变化，之前赚的钱不定是谁的了。这也是一鼓振奋了士气，二鼓效果次之，三次擂鼓就起不到好效果一样。所以，我也是时常劝一些朋友，连赚两回钱就收手吧，别再玩下去了，否则非得再吐回去不可。

有朋友可能会想，那我连着亏了好几笔，是不是时运也该转一下了，再做就会赚了呢？其一，连续亏会导致体内不良激素的形成，从这个角度来讲是很难赚的；其二，好事变坏事易，而坏事变好事难，正所谓：祸不单行。所以，赚两笔以后收手防止转运，并不等于亏几笔以后同样可以改运。

从这个角度来讲，如果一天之内频繁交易，其实就没有什么胜算了。有很多读者朋友想跟着我进一步学习，我都会提出这样的要求：必须把每日的操作次数减至 5 次以内，并坚持 1 个月，这是第一步，第二步是必须坚持 2 个月每日交易次数在 3 次以内，做到了，才可以进一步跟我学习，做不到就算了。因为只有每日交易在 3 次以内的人才会控制自己，能做到的人其实不用再跟我学也可以，只要走完这两步基本上就可以做到赚多亏少了，学习也只是为了进一步提升技术，应有的心态是完全过关的。

你的运气怎么就那么好？一整天都这么好？这是很难让人相信的事，就算技术再高的人连续做一天也不可能一次都不亏，反而越是操作的次数多，操作的效果就越差。所以，真正的高手都是几笔马上就收手的人。并不是没有机会了，也并不是技术不能很好地发挥，而是因为懂得控制，或是懂得以上的道理。

因此，从这个角度来讲，频繁交易根本不会是成功之道，也希望各位读者朋友可以好好体会其中的含义。一句话若能流传几千年，这句话一定有它存在的道理。

第三节 反手交易

从软件开发商的角度来讲，反手交易功能的确对投资者的交易是有好处的，一旦发现价格波动朝自己持仓不利的方向波动，便可以直接进行反手交易，简化操作的过程。但其实站在投资者的角度来讲，我个人认为反手交易是要不得的，当然，这里指的是那些经常性使用这个功能的朋友，而不是偶尔使用的。

假设做多开仓后，价格形成了反方向的波动，这意味着之前的分析全部是错误的，当错误出现时，我个人认为第一要考虑的就是如何减少亏损；第二要考虑的就是重新制定新的分析与操作计划，这两个过程至少我是无法做到在一两秒之内就完成的。但如果进行反手交易，虽然达到了把亏损减少到最少化的目的（因为平仓停止了不利持仓的亏损），但是，功能中的马上新开仓意味着投资者已经做好了分析，这样的分析速度也太快了吧。马上就可以从之前的亏损带来的负面影响中脱离出现，这真不是一般人能做到的。

做多，价格下跌了；或是做空，价格上涨了，都需要重新来捋顺自己的心态与汲取的相关分析，这个过程就我个人来说，怎么着也得需要 5～10 分钟的时间，而广大投资者在投资者经验与投资技术不如我的情况下，所需的时间却比我还少，这真是难以想象。

频繁使用反手交易其实就是一种赌博的行为，涨没有赌对，那就赌跌。在原本应当理性的分析中，如果加入了赌的成分，又怎会有较大概率的胜算？赌对了也许真能赚笔大的，但是，这笔大的够之前频繁反手赔的钱吗？远远不够。

频繁使用反手功能说明投资者并不冷静，见价格涨就做多，见价格跌就做空，这样一天做下来，期货公司最高兴了，因为又赚了不少手续费，但其中的苦只能投资者自己咽下去。一个人不冷静时，其决策才会左右摇摆，没有自己坚定的判断，这是最要不得的。

当然这并不是说反手交易就没有任何用处，在特定的情况下，也是可以使用的，比如出现了经典的量价配合形态，此时使用可以节省价格转势进行平仓及开仓的时间，这样的技术形态可不是每天都有的，所以，如果每天都进行反手交易，不用去想，肯定是亏钱的，除非你的投机水平真的高到了一定的程度。

世界级投资大师巴菲特的办公桌前没有电脑，看不到价格波动过程中的任何走势情况，但这并不影响人家赚钱。难道我们的交易软件少了一个反手功能就会丢失机会了吗？有这样的想法，必然是急功近利，过分追求收益和过分追求机会的人，越是想获得更高的收益，越是想把握更多的机会，反而很难达到目的。

第四节　交易没有主方向

在与一些读者朋友进行交流的时候，常会发现这样一个问题：一会看多，但过不了多久又马上看空。问他们具体的技术理由，全都是价格涨了所以看多，价格跌了所以看空。有了这样的想法，就会产生一个问题，那就是交易没有主方向，分析没有主心骨，这是造成频繁交易的重要原因之一。

解决这个问题就需要从价格的波动规律中去寻找原因。大的上升趋势形成，其中必然会包含很多次小级别的下跌走势，如果见到上涨就做多，见到下跌就做空，虽然说是做到了紧随趋势的目的，但做空的单子却是与大趋势相反的，这就会增加风险。所以，在进行分析的时候，必须要树立大局观，关注大局才有机会赚大钱。涨了就做多，跌了就做空，只能赚些小钱，一个失误，赚的钱就要全吐回去。

价格虽然上涨，但并不是所有的上涨都可以进行做多，同理，价格下跌，也并不是所有的下跌都可以进行做空。一定要有所选择，有舍才有得，舍掉那些不适合操作的波动，才可以得到那些带来确定性收益的机会。

就笔者的操作来讲，其实一天转换两次大的操作方向就很少见了。在早开盘前通过外盘的涨跌状况以及消息面状况，在价格连续波动前先制定一个相对可靠性较大的操作方向，然后再根据开盘后的走势进行修订微调，而后确定当前真正的实战操作方向，只要价格满足操作方向的要求，就不要去想另一个方向的操作，直到价格波动已不再满足技术上的要求，而后才可以转变操作方向。这必然需要一个时间的过程，给价格留出一些时间来完成多空的转换与新老趋势的交替。

这就好像进行止损或止赢操作一样，必须要给价格留出一定的波动空间。给多方一些空间，让它正常的调整以及蓄势，给空方一些空间让它聚集力量继续下跌，不留出合理的空间，所做的分析就会有些片面，而要留给价格这个合理的波动空间，那就必然要放弃一些机会，这是绝对无法二全的事情。但这个留出的这个合理的空间，大多数情况下只会对我们的操作起到帮助的作用。有了这个合理的空间，只要价格在此区间之内运行的，都不可以改变交易的策略，直至这个区间被打破才需要改变操作策略，重新制定与当前价格波动相符的操作手法。

像笔者所采取的方法就是这样：分时线位于均价线上方时，只考虑做多，不考虑做空，至于是逢突破做多，还是逢低做多，再结合价格或盘面的具体情况而定；而当分时线位于均价线下方时，则只考虑做空，不考虑做多。这样做可以确定不会出现大的问题，只要大方向没有搞错，就算细节没有把握好产生的亏损也容易在下一次的交易过程中全部赚回来。

操作没有主方向其实很容易解决，因为这属于是技术性的问题，只要学会了相应的技术，这个问题也就不存在了。但可怕的就是技术上有主方向，而心态上却没有主方向，不能严格按照技术的要求进行操作，一旦心态发生了问题，那就很难解决了。

在正常操作时，的确是需要做好两手准备的，不能死做多，也不能死做空。依据盘面状况做出一个偏向于多或空的决策，而后在技术条件不变的情况下就坚决执行，同时，也要做出一个辅助决策，一旦达到什么样的状况就需要改变操作策略的备选方案。这样一来，有主有次，操作起来也就知道该如何去应对了。而绝不能仅凭当前的上涨就做出做多的决策，或是当前下跌就做出做空的决策，一定要看一下价格涨跌的时候所处的整体位置与环境，如果价格波动处于多方状态就要按细节方法进行做多操作，如果处于空方波动状态则进行做空操作。价格短暂的涨跌可能会随时交替出现，但大级别的波动要想改变却是比较困难的，所以有了主要的操作方法，才可以避免价格暂时波动造成的干扰，而不至于只要价格有波动就总会想着进行操作。

没有主操作方向造成的最大干扰就是会使得操作的频率提高，贪欲加重，从而导致错误率的上升，这是必须要解决的问题，也是投资者在日常操作中最容易犯的一个错误。如果看不准，就放弃，而不应见涨就多见跌就空。

第五节　逆势交易

逆势交易是投资者在交易过程中常规的一个错误，虽然说谁都知道顺势而为，但其实这又是很难的。其实从逆势交易的位置来看，投资者大多是在价格连续上涨的所谓高点，或是所谓低点。

从中了解投资者这些行为的原因，可以得出这样的结论：在价格上涨的过程中，因为错失了大好的获利机会，从而使得心态变得急燥，做多又不敢，原因就是价格已经涨了那么多了，还去追这样风险太大了，于是，就有了做空的想法。从正常的角度来讲，价格涨多了以后必然会有调整，而调整的出现的确也可以带来做空的获利机会。但从价格波动的角度来说，涨那么猛就说明多方力量非常强大，在多方力量强大的时候做空则是非常危险的，这也是为什么进行逆势交易很难成功盈利的原因。可能价格调整了，但更大的可能就是调整之后马上快速创新高，等到真正高点捉住的时候，之前逆势交易的亏损早已无法弥补了。

做出逆势交易的决策，并不是投资者不懂技术，因为是不是逆势交易一根线就可以做出判断，一眼也可以看出来，这不是技术造成的，而是人们不正确的心态造成的，是在错过一次大机会后的不理智与贪欲造成的。

同时，做出逆势交易的行为，也正是由于操作没有主方向，什么样的机会都想捉住造成的。如果在操作的时候可以根据盘面状况或价格波动状态制定出符合价格波动性质的操作方向，也就不会在价格上涨时有做空的想法了，技术分析就是这样一环扣一环。

由此可见，解决逆势交易其实只需要两个方法，一是学习正确的操盘技术，明白什么样的机会可以去把握，什么样的机会必须要放弃；二是在正确技术的支配下保持一颗平和的心态，操作绝对不能着急，越急越容易出错。先去找问题的根源，然后再想解决的办法，依照这个思路，操作中的错误十有八九就都可以避免了。

其实在操作中常见的错误还有很多，笔者只是简单地就这几个常见但最容易对资金造成影响的问题进行探讨。这些话题也算是老生常谈的话题了，到处都有，但凡说得越多的问题，其实就是投资者越容易犯的错误，不得不警惕，不要对别人的劝告不当回事，毕竟这些经验或是教训都是赔钱赔出来的，听进去了，并按照做了，向市场也就会少交一些学费。

第三章 止损与止盈

虽然说投资者进入期货市场进行操作都是为了获得收益，但进入这个风险市场最重要的却不是收益，而是如何使自己不死，这个月没死掉，不代表下个月不死，今年没死，不代表明年没有被市场消灭。只有长久地可以生存在这个市场，才有资格谈获利。

而确定自己在这个风险市场死不掉，除了止损与止盈这两个方法以外别无他法。合理的设置止损可以确保本金的亏损控制在预期以及可承受范围之内。而止盈则是在盈利产生之后避免由盈转为亏现象的出现，是保存胜利果实的方法。

止盈与止损虽然是两个老调调，但不得不继续谈下去。

第一节　固定比例止盈

止盈有两种模式，一种是技术性止损；一种是固定比例止盈。二者各有优点与缺点。

技术性止盈是以价格波动形态是否遭到破坏为止盈标准，比如价格上涨后形成了 M 顶，随后跌破颈线位，这个时候，无法什么位置开的仓，在有盈利的情况下都需要进行出局了，它的优点就是一切依据技术形态进行操作，但是，价格的波动形态有宽有窄，所以，利润回吐的幅度也必然有大有小，可能这笔单子回吐很少的利润就止盈出局了，但也有可能回吐很多才会有止盈出局的信号。因此，技术性止盈的优点就是技术特征突出，止盈点位容易确定，缺点就是止盈幅度有大有小。

而固定比例止盈则非常简单，就是当盈利回吐到一定比例或数额的时候就进行平仓操作，笔者推荐 1/3 这个比例，并且认为以比例来计算为宜，因为每次交易动用的仓位不同，按数额将会变来变去，当然，这个并没有什么对与错，完全可以按个人喜好来进行。比如一笔交易盈利了 10 万，这个时候，当盈利回吐了 1/3 时，就将其进行止盈操作，或者也可以在盈利金额缩减为 6.7 万时将其进行止损。

固定比例止盈的优点在于，当盈利达到一定数量时，心中已经做好了接受最坏结局的打算（即利润回吐至一定的比例），所以有助于心态保持稳定，这是最大的优势，而如果采取技术性止盈，一旦出局点比较低，刚才还赚了 10 万，这会只赚了 4、5 万，难免心态上会有些不平衡，这样不利于下一回的操作。

固定比例止盈是不关注技术形态的，价格如何波动都不在意，只需要盯死盈利的数值变化就可以，到点就走人，这样也可以从某种程度上来回避价格波动带来心态上的变化，否则价格一会涨一会跌，盈利时大时小对心态不稳定的投资者来说只会带来麻烦，一旦心态变乱，总想着在高点或低点出局，就会使原来完美的操作变得杂乱起来。对于心态来说这种止盈方法有好处，但就技术而言，也正是由于不考虑技术形态，所以，止盈点位难免会有不足，比如价格回落的低点或高点恰是固定比例止盈的出局点，一止盈出局，价格马上按持仓方向上涨或是下跌，这就很可惜了。而在实战过程中，使用固定比例止盈这样的情况其实并不少见。

那有没有一种止盈的方法既可以融合技术又可以使得心态平稳呢？方法肯定是有的，但是要求投资者的分析能力一定要很强，达不到这样的条件，二者就很难融合在一起了。所以，必须要舍弃其中的一个；要么完全按照技术，然后承担或大或小的利润回吐幅度；要么为了追求一个平稳的心态，而舍掉技术，完全按固定比例来做。相比之下，笔者认为固定比例止盈对普通投资者来说更容易掌握，所以，大家可以多尝试一下这种止盈方法。

当然，实战操作并不一定要单独使用一种方法，二者也完全可以结合起来使用。打个比方，一笔单子盈利了 10 万，按固定比例止盈方法进行操作，当利润回吐至 6.7 万时无条件出局，但是，如果按照技术止盈，利润回吐至 8 万元时，价格已形成技术上的出局信号，那此时就不必再使用固定比例止盈，而可以按照技术止盈的方法进行操作。但如果固定比例止盈是 6.7 万，但技术止盈提示的点位利润要回吐至 5.5 万，那么，此时就应当按照固定比例止盈进行操作，而不适用技术止盈。也就是说：技术止盈的提示点位造成的利润回吐幅度少于固定比例止盈，那就按技术止盈去做；如果利润回吐的幅度大于固定比例止盈，那就按照固定比例止盈去执行操作。

用这种结合的方式进行止盈，可以将两种方法的优点结合在一起，尽量回避其不足。固定比例止盈从技术上来说没有什么好讲的，只需要记住盈利回吐达到 1/3 时就将其无条件出局就可以了。当然，读者朋友也并不一定非要参考 1/3，也可以使用别的比例的数值，只是千万不要把止盈的幅度设置得过小，虽然这样可以保证到手的利润回吐出去的幅度小，但是留给价格的波动空间过于狭窄也不利于进一步获取更高的收益，这个度如何具体把握就要读者朋友结合自身的情况自行去设定了。

第二节　固定比例止损

上一节内容中，讲的是固定比例止盈，它是指当利润回吐之前 1/3 时进行止盈，进行止盈时用的是比例，这个比例是 1/3；同样固定比例止损也是这个意思，但是，日常操作过程中，所采用的就并不是“比例”这个概念了，因为在止损时使用比例这个概念就会有不同的变化。

假设一笔单子是半仓进行操作，而另一笔单子是 1/3 仓进行的操作，如果使用具体的比例这个效果就不太好了，就会造成虽然是同样的比例，但因为仓位不同而亏损时大时小。当然，并不是说在止损的时候完全不能使用固定比例进行止损，我们可以把固定比例做为止损的最终底线。

像笔者日常进行交易时，所采用的风控方式为：不管什么样的仓位，一旦造成总资金亏损 2%时，后台风控便无条件进行止损操作，以确保总资金的安全。如果这笔交易我动用了 1/3 仓，以 100

万的标准账号为例，最后一道底线是亏损2万，这对于投入的资金来讲就是6%左右的最大亏损额度，但在6%的亏损幅度之内，我可以自由发挥，而一旦达到总资金2%亏损我就说了不算了，完全由风控下达平仓指令。这样做就是把总资金亏损2%这个比例设为最终的底线。

在日常操作时，建议朋友们使用的是数额，而并不是固定的比例，比如进行一笔交易，心理上可以承受的最大亏损幅度为1万，那么，当亏损达到1万元时，就无条件出局，不管价格如何波动。假设可以承受的亏损是5万元，那就不见这个数值就一直持仓，亏损达到5万元就无条件离场。

这样做同样存在一个问题，那就是只关注心理可承受的最大亏损，而完全忽视当前价格的波动。它的好处就是可以使心理保持平和，因为这个亏损的幅度是你预先知道的，已经打过预防针了，不会导致心态产生什么复杂的想法。而缺点自然就是完全不理会由价格波动而承受的代价，万一你的承受极限价格价格波动的高点或是低点，这就没办法了。笔者始终认为，心态的平和远比当前价格如何波动更重要，心态不稳了，就算是价格的波动形态再经典也很难赚钱，而心态稳定了，赚钱的概率自然也就大了起来。

与固定比例止损相对的就是技术性止损，技术性止损完全是依据技术形态来执行，同样有着其优点与缺点。优势就是信号明确，缺点就是幅度或大或小。

因为每一个投资者的资金量不同，交易时喜好的仓位不同，风险承受能力也不同，所以，固定比例止损的具体数额是无法确定下来的，这一点投资者需要结合自身的情况来执行。当然，这个数额定下来就不能总是变了，否则今天能承受1万亏损，明天就只能承受5千元的亏损，前后不一致就不太好了。

在设定固定比例止损的具体数额时，切记不要设定的太小，否则，价格反向波动二三个最小变动单位就触发止损了，这也没有任何意义，一定要留给价格合理的波动空间，而这个波动空间又一定要能够在心态上承受得住，这样才是合理的数值。

在具体操作时，除非投资者习惯于关注一二个品种，或是心理素质非常过硬，否则无论是止盈之后还是止损之后，都最好换一个品种来关注，而不要一定盯着一个品种看，这样做是因为我们无法保证自己的操作是那么的完美，刚平了多单价格就跌，刚平了空单价格就涨，更多的时候是平了多单后价格还涨，平掉空单后价格还跌。如果一直盯着这个品种看，心态上难免会起变化，患得患失，这不利于保持心态的平稳。换一个品种看，一切重新开始，不会有心态上的负担。

固定比例止损有助于心态的平稳，但是，仅使用这一种方法还是不够的，如果可以将技术性止损与固定比例止损结合在一起，那就最完美了，这部分内容留在下面的章节中进行讲解。

第三节　止损的二道红线

这一节的内容是根据笔者的日常操作来讲解的，可能与投资者的日常止损有一定区别，各位读者朋友可以借鉴一下我的止损方式。

只使用一个标准的进行止损有它的好处，那就是当出现亏损时，可以操作得非常干脆，但也会因此产生一些问题，那就是常见的止损后价格很快又按持仓方向波动，这并不能完全归结于技术，认为平仓点平的不是太好，有些时候的确会存在这样的技术形态，但有时并没有任何征兆就出现了这样的结果，只能说是运气差一些，毕竟在这个市场里，很多时候运气的好坏也是非常重要的。

所以在实战操作的时候，止损线仅一道是不够的，这就好像是打仗，都会布防几道防线，止损也应当是这样。对于广大投资者来说，布二道防线就足够了，而对于更大规模的资金来说，可能会布三道甚至是四道止损防线。

第一道止损线是减仓线，一旦价格的波动达到这个值就必须要减仓，笔者的常用做法就是到此位置将持仓减掉一半，一旦达到第二道止损线时进行清仓操作。止线是红线，是底线，是不可逾越，不可临时变更的，变来变去的止损数值形同虚设，无法对资金起到保护的作用。

那这二道止损红线如何具体设置呢，我们可以将固定止损法与技术止损法融合在一起进行。固定比例止损因为有助于保持心态的平稳，同时，这是心理所能承受的亏损极限，因此，它是第二道红线，技术止损位置高过固定比例止损的位置，则技术止损位视为第一道红线，也就是减仓线，固定比例这道红线视为是清仓线。

如果是多单，固定比例止损位高于技术性止损位，是不能把技术性止损位视为第二道红线的，因为这样做就超出了预期。出现这种情况解决的方法就是再设第二道固定比例的清仓线。比如，利用技术性止损要亏损 10 万，超过心理预期，感到这样的亏损额无法承受，心理可以承受的亏损是 5 万元，那么，此时 5 万元可以作为第二道防线，是清仓线，然后再往上设一道红线，比如是亏损达到 4 万时减仓(或其他数值)，亏损达到 5 万元时无条件清仓。因为到达第一道红线时已经对持仓减掉了一半，无形之中，便又给价格留出了更大一些的波动空间，而一旦亏损达到 5 万就无条件清仓，亏损未达到 5 万就进行持仓操作。

这里可能会出现另一个问题：如果亏损到 4 万时减仓了，随后价格上涨了，亏损连续减少，价格波动对持仓有利，这个时候是不是可以加仓呢？笔者一贯的做法是：持仓处于亏损状态坚决不加仓，只有当持仓处于盈利状态时才进行加仓操作。亏损说明之前的判断是错误的，在错误的情况下加仓操作，往往只会错上加错，因此，这个方法也希望各位读者朋友重视起来并加以运用，相信坚持一段时间你就会发现，只在盈利时加仓的确会对资金产生更多的保护作用。

下面结合具体的案例讲解一下二道止损红线的运作方式，希望这个方法可以对大家的日交易发挥应有的保护作用。

请看图 3-1，PTA1405 合约 2013 年 11 月 8 日走势图。

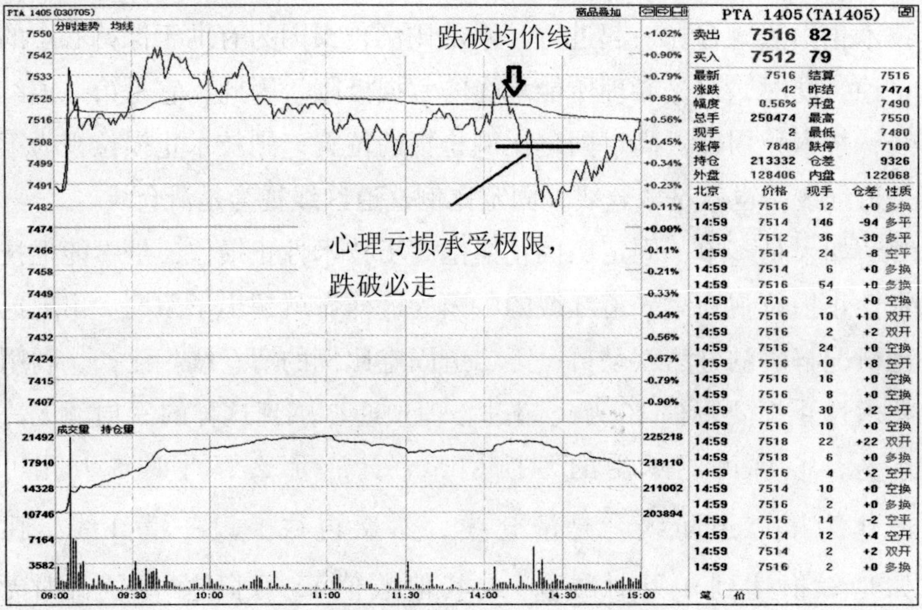

图 3-1

PTA1405 合约在 2013 年 11 月 8 日这一天早盘上行后便出现了震荡下跌的走势。下午的时候，分时线向上突破了一下均价线，假设投资者在此时进行了做多的操作，那该如何设置止损呢?

首先，先要设定一个心理所能承受，或愿意为此付出亏损代价的最大值，这个值必须要是最后一道防线，如果这道防线失守，往往会引发心态上的波动，这不利于后期的操作。图中横线部分是假设的亏损极限，到达这个位置是必须要清仓的。

在价格突破均价线后进行了做多操作，由于距离心理亏损极限有一定的空间，这个空间足够让价格正常波动了，因此，可以再设第一道防线，此时就可以完全依据技术来进行操作。可以将均价线的位置作为第一道防止，一旦跌破它，便进行减仓操作，再或者可以将下午 13：45 时那个反弹受压的高点做为止损，一旦这个点位撑不住，便可以进行减仓操作。

这样一来，止损的设定也就完成了，首先按技术形态进行止损，如果跌破技术形态就减掉持仓的一半，而一旦继续下行，价格跌破预先设定的亏损极对应的价格就必须要出局。

在实战操作时，先设定的亏损极限是按总仓位计算的，但由于跌破第一道防线时已经进行了减仓操作，所以，价格跌到第二道红线处时，亏损是小于心理承受极限对应的资金额，这个价差就当作是缓冲的空间，绝不能因为亏损额还没到继续往下降低止损的空间。

请看图 3-2，橡胶 1405 合约 2013 年 11 月 5 日走势图。

橡胶 1405 合约在 2013 年 11 月 5 日这一天形成了上下大幅震荡的走势，早开盘的下跌带来了非常不错的投机盈利机会，下跌到低点后价格出现震荡。假设我们在图中画圈处开了空单，就这样的走势来看一下该如何设置止损。

首先设定一个亏损极限，或是愿意为此次操作付出的最大代价，假设它在粗线处。从开仓点到均价线的距离来看，二者相距很远，显然使用均价线做为止损是不合适的，所以，最后一道防线必须是粗线处。此时的走势由于技术性止损位远高于心理承受极限，因此，就不能再参考均价线这个技术来进行止损操作。

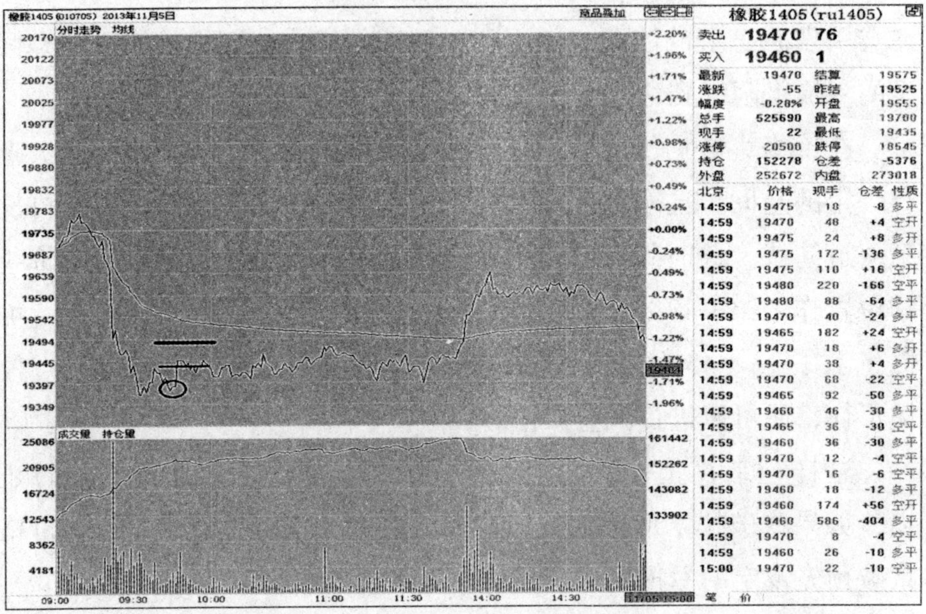

图 3-2

在开仓点之前，由于价格出现了一次反弹的高点，因此，可以将这个反弹高点视为是技术性止损的参照依据。这样一来，技术性止损低于心理承受极限，就是比较理想的止损点位了。

如果价格向上突破技术性止损位，就进行减仓操作，而一旦达到预先设定的最后防线则进行清仓操作，而不必再去理会价格后面怎么走。

止损之后，最后重新换一个品种来进行操作，毕竟刚才输掉了，此时最重要的就是保持心态的平和，死盯着这个品种做，跟它斗气真没必要，而且你也斗不过它，否则你刚才又怎么会输钱？捏不过它就换个品种，找软柿子捏。

第四节　高低点止盈技巧

高低点止盈方法属于技术性止盈技巧，还是那个原则，如果技术性止盈位高于心理承受位，则使用技术性止盈，如果低于心理承受位，则按照固定比例止盈方法进行交易。

高点低从技术形态上来看，会产生强大的支撑以及压力作用，价格上涨后调整形成了一个低点，如果这个低点可以对后期的波动产生支撑作用，那么，价格往往会继续上涨。同样，价格下跌后产生的反弹高点如果对后期波动产生压力作用，价格也往往会继续下跌。

而一旦价格向下跌破前低点的支撑位，或是向上突破前高点，上涨或是下跌的概率就将会减小，这个时候就不宜再拿着单子，而是应当在跌破重要低点，以及向上突破重要高点时进行止盈操作，确保收益，以免价格继续的回落或上行进一步吞噬利润。

利用高低点进行止损，可以采取相邻原则，也就是你开仓后，离你开仓点时间上最接近的那个高点或是低点做为止盈信号。笔者个人认为，之前时间过于久远的高点或低点对当前的操作参考意义并不是太大。

请看图 3–3，螺纹 1405 合约 2013 年 11 月 15 日走势图。

螺纹 1405 合约在 2013 年 11 月 15 日下午开盘下冲后，出现了反弹的走势，由于反弹区间成交量非常低迷，放量下跌、无量反弹，量价配合非常完美，因此，价格后期继续下跌的概率是极大的，如果投资者已在高位区间进行了做空的操作，此反弹区间则可以继续持仓。

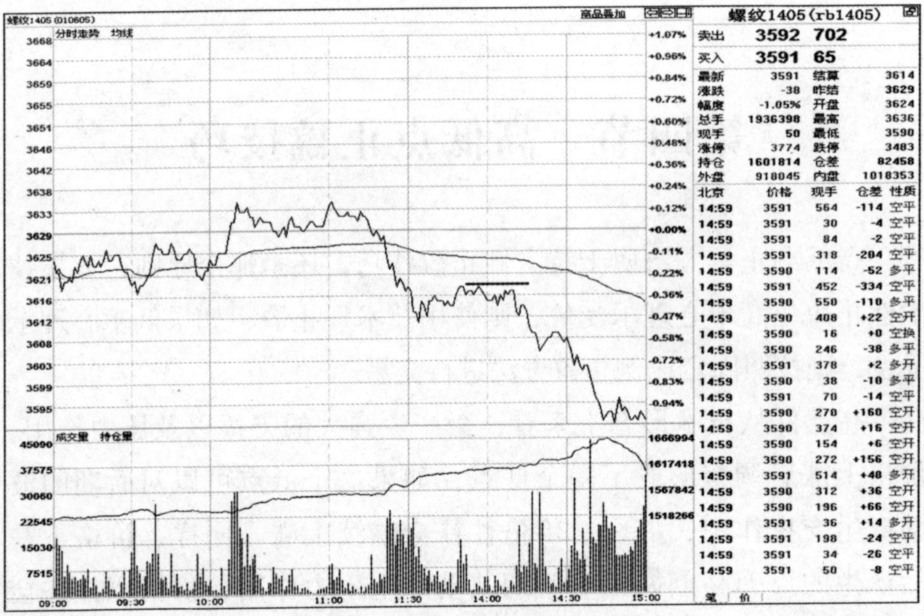

图 3-3

当然，持仓并不是说可以拿着就不管了，在已赚取了不少盈利的情况下，一定也要随时防止价格突然反转的出现，万一下跌不能延续又涨上来怎么办？所以，一定要设置好一个止盈位，只要这个止盈位没有被价格向上越过，才可以一直持仓。

由于反弹的时候形成了一个高点，因此，就可以把出现的这个高点视为是止盈位，如果价格无法突破上去，那么，高点就必然会形成降低的态势，高点依次降低，也就会意味着价格还会下跌，因此，便可以继续持仓。从后期的走势来看，价格震荡的过程中从未突破这个高点，止盈位并未触发。

请看图 3-4，白银 1312 合约 2013 年 11 月 12 日走势图。

白银 1312 合约在 2013 年 11 月 12 日晚间形成了明显的空头波动形态，分时线长时间位于均价线多空分水岭的下方，这意味着投资者的操作策略一定要以空为主，只要当天坚持做空的思路，不管什么价位开的仓都可以实现盈利。

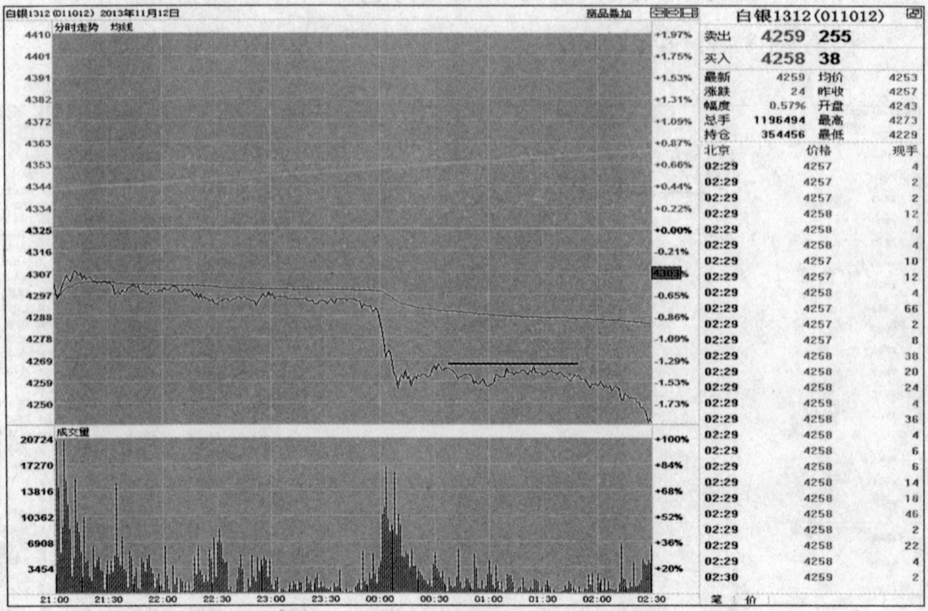

图 3-4

如果在价格大幅下跌之前进行了开仓，止盈位该如何设置呢？价格波动的过程中，大多数时候会形成下跌、反弹、再下跌的走势，而能否继续下跌的关键其实就在反弹区间，如果反弹形态配合较好，下跌的概率是极大的。因此，可以等待反弹出现的时候再根据其走势制定止盈策略。

从图 3-4 的走势来看，价格下跌后形成了一个无量的高点，此时就可以把这个高点做为止盈的参照，如果价格后期没有突破这个高点，该高点就会产生压力作用，收窄价格的波动空间，从而促使价格回落。而一旦突破这个高点，是否会继续下跌，或是连续反弹向上就会存在变数，这个时候投资者也就不宜再继续持仓，而是应当先退出来，然后再根据后面的波动决策新的入场点。

价格后期波动的时候，前面的高点始终没有被突破，这意味着止盈并没有触及，因此，便可以继续持仓。

请看图 3-5，菜油 1405 合约 2013 年 11 月 15 日走势图。

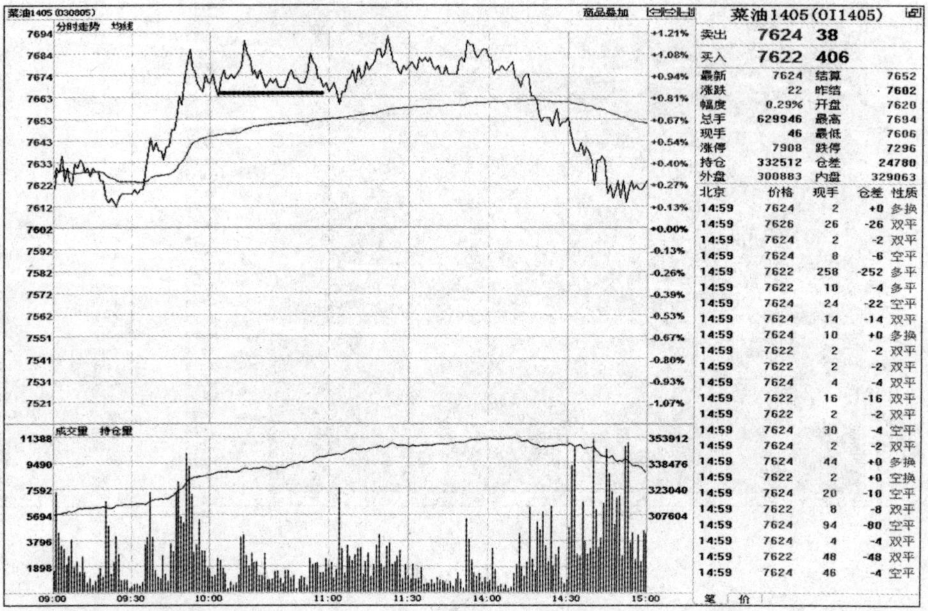

图 3-5

菜油 2013 年 11 月 15 日上午保持着明显的多头态势，价格上涨成交量放大，调整成交量又萎缩，量价形态比较好，并且持仓量在价格上涨时也明显增加，在分时线始终位于均价线上方的时候，必须要保持做多的思路。

如果以较低的持仓成本操作，在价格相对高点出现震荡时该如何止盈呢？刚开始时由于没有任何波动的低点做参照，投资者可以使用趋势类指标辅助决策止盈位，比如利用 10 或 20 周期的移动均线，也可以使用布林线中轨进行止盈，如果价格波动的低点都没有跌破这些指标，当这个波动的低点出现之后，它就可以成为是新的止盈位参考。

从图 3–5 的走势来看，价格波动的第二次低点并没有跌破止盈位，因此可以继续持仓。但 11 点过后的低点却出现了破位的走势，这个时候就应当把手中的盈利持仓平掉，止盈位一破首要的任务就是保全盈利，而不是想是继续扩大战果。

虽然止盈后价格又重新涨了上去，但并不要为此觉得这个止盈没有必要，这是涨了，如果跌了呢？到手的利润岂不鸡飞蛋打？毕竟后面的走势是无法预测的，能知道的就是眼前价格跌破了提前制定的止盈位，不按计划行事，那又何必制定计划？

请看图 3–6，豆油 1405 合约 2013 年 11 月 15 日走势图。

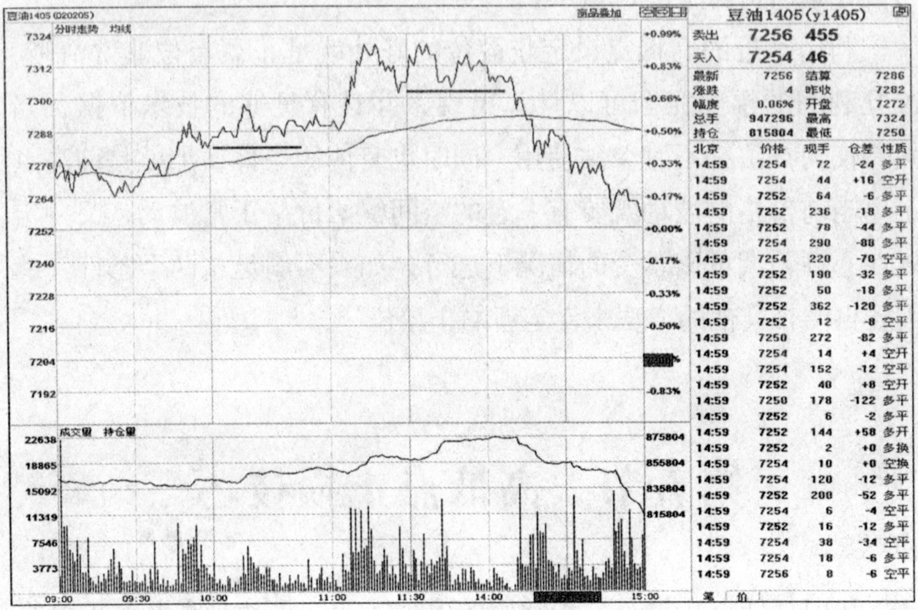

图 3–6

豆油 1405 合约 2013 年 11 月 15 日上午的多头迹象也非常明确，整体形态来看，保持着低点不断抬高的迹象，这也是分时线位于均价线上方之后常见的波动形态。

价格整体波动低点抬高，那么，止盈位的设置也就变得非常容易了。从10点之后的走势来看，价格放量上冲后，形成了调整并留下了第一个波动低点，这就低点就是止盈位，如果不破位就需要一直持仓。从后面走势来看，不管价格如何波动，这个低点都没有跌破，继续持仓便又可以赚到一票。

价格再次放量上冲后，再一次调整，这个时候，新的低点就形成了又一个抬高的止盈位。虽然第二次的低点被撑住没有跌破，但第二次价格再回落时，在止盈位上方略做小横盘便放量破位，止盈位一旦触发就必须要离场。第一是防止价格后期有可能的继续回落；第二就是必须要确保到手的收益不要回吐太多，否则之前的交易就算是白折腾了。

利用临近的高低点设定止盈位的好处就是止盈点位非常清晰，回吐利润的幅度完全可以计算出现，并且有足够的技术依据，当然，任何方法都不宜单独使用，同时也有使用条件，那就是前高点距离当前价格的波动既要有一定的空间留给价格正常波动，又一定要在心理预期可以承受的情况下进行，如果不满足这两个条件，就需要再结合其他的方法来设定新的止盈位。

第五节　高低点止损技巧

利用高低点止损是一种常用的保护手法，虽然与高低点止盈的名称接近，但其关注的对象不同。价格上涨后，多单的止盈是关注调整低点有没有破位，而价格上涨过程中，空单的止盈则是关注高点有没有被继续向上突破，虽然面对的波动形态一致，但止盈是关注低点，而止损则是关注低点。

高低点止损的方法很简单，就是看价格有没有再继续向上突破之前的高点，或是有没有向下跌破之前的低点，如果有，就需要进行止损操作。

止盈是赚钱，止得好与坏怎么着都是赚，无非多赚点或是少赚点，但止损就让人难受了，不管止得是否完美，都是要亏钱的，只不过亏多亏少的差别。在心态上是让人难以面对的，因此，很多投资者放弃面对，爱怎么地就怎么地，放弃止损，是一种自杀行为，可能这回跳河没淹死，上吊没吊死，但总有一回要被市场玩死，对于不止损而被市场消灭掉的人，不值得同情。

请看图 3-7，螺纹 1405 合约 2013 年 11 月 7 日走势图。

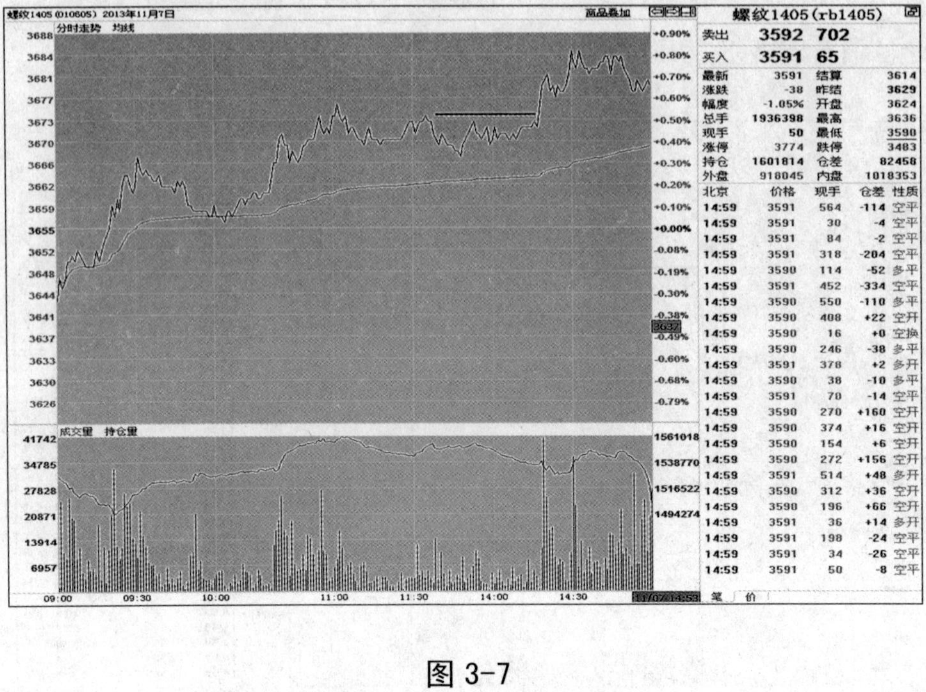

图 3-7

螺纹 1405 合约在 2013 年 11 月 7 日一开盘便形成了非常经典的多头波动形态，无论价格如何调整，分时线位始终位于均价线的上方，从正常的角度来讲，这样的形态应当坚定做多。但无论面对什么样的行情，成交都是由多空构成的，假设在多头状态下进行了做空的操作，该如何进行止损呢?

下午开盘后不久，是投资者容易进行做空的一个区间，因为区间成交量萎缩，会给人一种上涨无力的感觉，同时价格波动的高点也有降低迹象。如果这种分时波动形态可以放在均价线下方，那就可以积极地做空了，但遗憾的是它出现于均价线的上方。做了空也没太大关系，只要止损及时，也并不会产生太多的亏损。

如果在下午开盘后不久的任何震荡区间进行了做空，那么，一定要将临近的那个高点做为空单的止损点，无法越过这个高点则说明多方暂时真的无力向上，但一旦突破这个高点，那就意味着多方再次发力，价格还将会继续上涨，这个时候就不宜再拿着空单等死了。

请看图 3-8，焦炭 1405 合约 2013 年 11 月 15 日走势图。

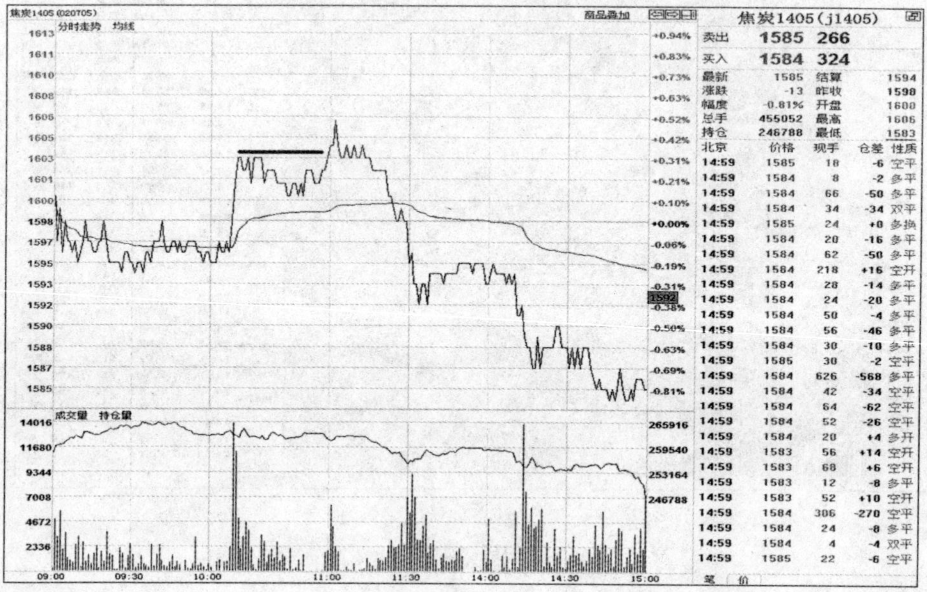

图 3-8

焦炭 1405 合约 2013 年 11 月 15 日开盘后经过一个多小时的震荡，价格突破发力向上，对于想着做空的投资者来说，价格有了高点这应当是不错的机会。如果进行了做空的操作，可以允许价格有一定的震荡，而后再下跌，但是，这个震荡必须要是合理的，对于上涨走势而言，那就是一定不能再创新高。一旦价格创出新高，谁知道未来会怎么上涨，以及涨多高，所以，创不出新高，空单便可以持有，而一旦创出新高就必须要进行止损操作。

经过小幅度的调整之后，价格再次上冲并创出新高，一旦前高点向上突破，空单就必须要进行止损操作。但是，这一次止损后价格并没有继续上涨，而是出现了连续的回落，并在当天基本上以最低价收盘，这对于进行了止损的做空投资者来是一次沉重的打击。

其实，在价格创出新高的时候是必须要止损的，因为那个时候价格没有任何可以连续下跌的技术特征，按当前的走势去制定交易策略，不要去进行无谓的预测。当前提示应当止损就坚定止损，当前提示可能持仓就坚定持仓，直到信号发生改变。

对于止损后价格的回落绝对不要抱怨，一定要从自身找问题，抱怨解决不了任何问题，不发现自身的问题所在，下次还得挨市场的整。

请看图 3–9，螺纹 1405 合约 2013 年 11 月 14 日走势图。

螺纹 1405 合约 2013 年 11 月 14 日开盘后略做震荡价格便出现了快速杀跌的走势，投资者脑中抄底的概念是根深蒂固的，见到低点总想做多，以期价格快速反弹带来盈利，但抄来抄去钱却越来越少，所以，底真不是抄的，而是用来错过的。真形成了底就要上涨，那在上涨时再做不好吗，非要去抄它干吗。

假设在杀跌后进行了做多操作，这个时候该如何进行止损呢？既然是做多操作，那么，最怕的事情就是价格向下创新低，一旦创出新低就无法预知价格后期将会跌多深，这是不可预知的，而不可预知的事情就是风险，所以，一旦价格创出新低，就必须要进行止损。不管在什么位置逆势进行的抄底操作，都可以将止损设定在破位创新低的那一刻。

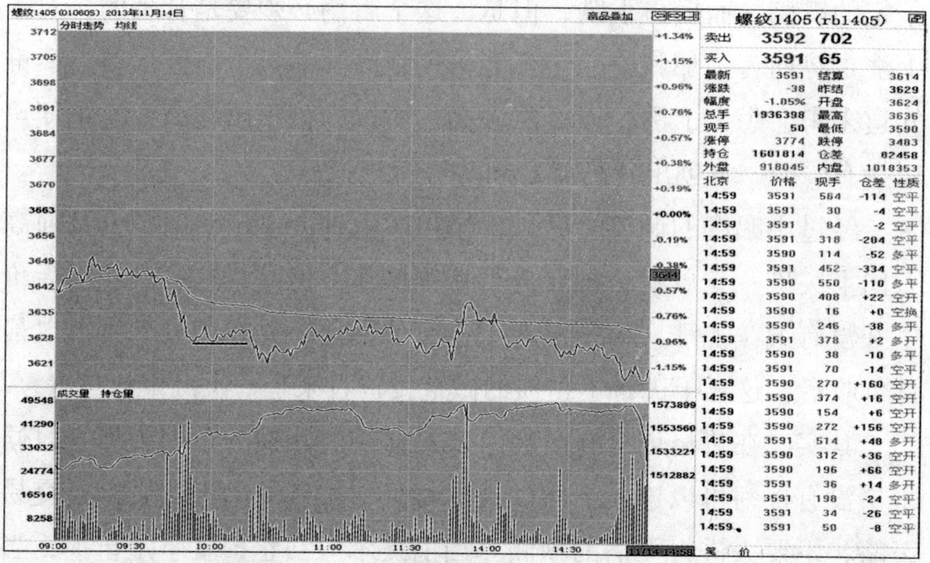

图 3-9

止损后价格没跌多少便连续反弹了，是不是挺恶心人的？但如果不止损，总有一回会让你恶心 10 倍。对于心态不稳定的投资者来说，对一个品种进行止损之后，最好换一个品种来关注与操作，以免止损后还盯着它，看着价格或涨或跌的影响心情。

请看图 3-10，螺纹 1405 合约 2013 年 11 月 15 日走势图。

螺纹 1405 合约开盘后的波动偏多，做多是比较容易赚钱的，但在中午临近收盘时波动方向明确向下，这个时候，特别是在跌破均价线之后，如果投资者依然没有能够及时地转变思路进行做空，而是保持做多思路进行操作，那就只能等机会进行止损操作了。

从下午的波动来看，无量反弹区间最容易进行做多操作，因为价格反弹过程中的小低点有所抬高，并且量能的低迷似乎是跌不下去的信号，如果有这样的想法那可是大错特错的，缩量反弹说明空方根本没跑，否则之前下跌的量能如何置换出来？

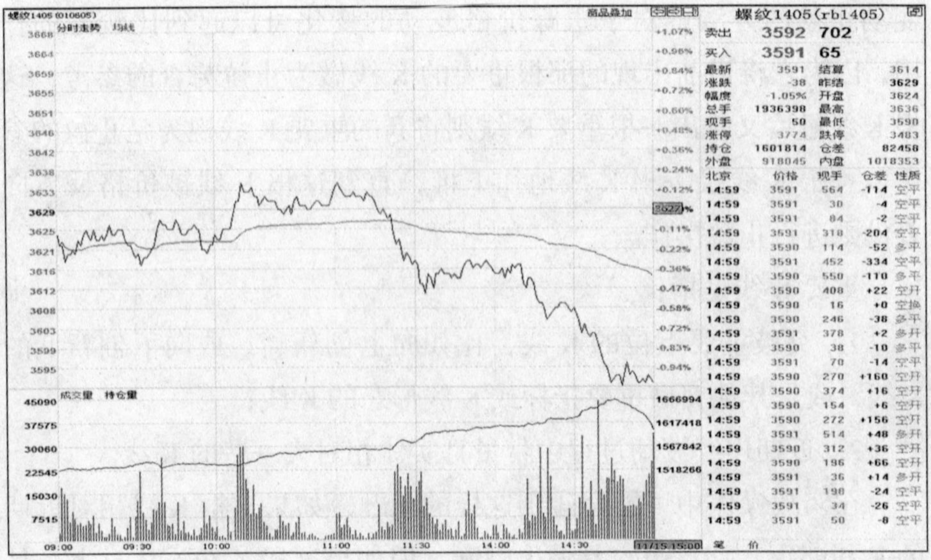

图 3-10

假设在无量反弹区间企图抄底做多，那么，一旦见到价格创出新低，就必须要进行止损操作。在价格创出新低之后，成交量连续放大，做空的资金大举杀入，如果不止损后果将会是多么悲惨。

需要说明的是，如果投资者进行的是趋势性交易，则日内交易的方法则不适用了，任何方法都是有针对性的，针对一种模式适用，这一点读者朋友们一定要意识到。除非说日线的波动已进入警戒区间，然后再结合日内波动进行止损，这个时候，日内交易的方法才可以对趋势交易起到作用。

第六节　重要 K 线止盈技巧

利用重要 K 线进行止损也是一种常用的止盈手法，属于是一种变动止盈的方法，对于跟踪价格波动的变化可以起到比较好的作用，因为它将当前出现的那根重要的K线做为止盈与否的参考，这根K线过后又收出一根重要K线则将新的重要K线视为是止盈的参考，一根K线接一根K线地往下推，直到这根K线被价格反方向吞没则进行止盈操作。

重要K线是指：

1. 突破重要点位的K线，比如向上创新高，或向下创新低的K线，或是其他突破重要指标或K线形态的K线；

2. 近期连续波动过程中带量且实体相对大一些的K线。

在实战操作中可能会碰到这样的问题，如果这根K线相对近期的K线略大，那比较容易做出判断，但如果这根K线实体过大，是近期K线实体的数倍，那么，使用它的整体来决策止盈就不太合适了，对于这种K线可以使用它实体的1/3位置处做为止盈位，或者放弃重要K线的止损，而使用其他方法来进行止盈操作。

对于成交量较小或是无量的K线，除非它符合第一项的要求，否则不适宜作为重要K线。同样，对于实体并不怎么突出的K线也不适合做为止盈K线。

请看图3-11，菜油1405合约2013年11月18日走势图。

菜油1405合约在2013年11月18日形成下降趋势之后，出现了一次缩量横盘震荡的走势，价格此区间波动的性质为反弹，不过从反弹的幅度来看，多方的反击力度很弱，这样的量价形态说明价格继续下跌的概率是极大的。

经过一段时间的震荡，一根带量的局部大阴线出现，这一根阴线创下了新低，由于这根阴线出现在重要的位置，并发挥了创新低的重要作用，且成交量有所放大，因此，可以将它视为是重要K线。一旦确定出重要K线所在，就可以依据它制定止盈策略。

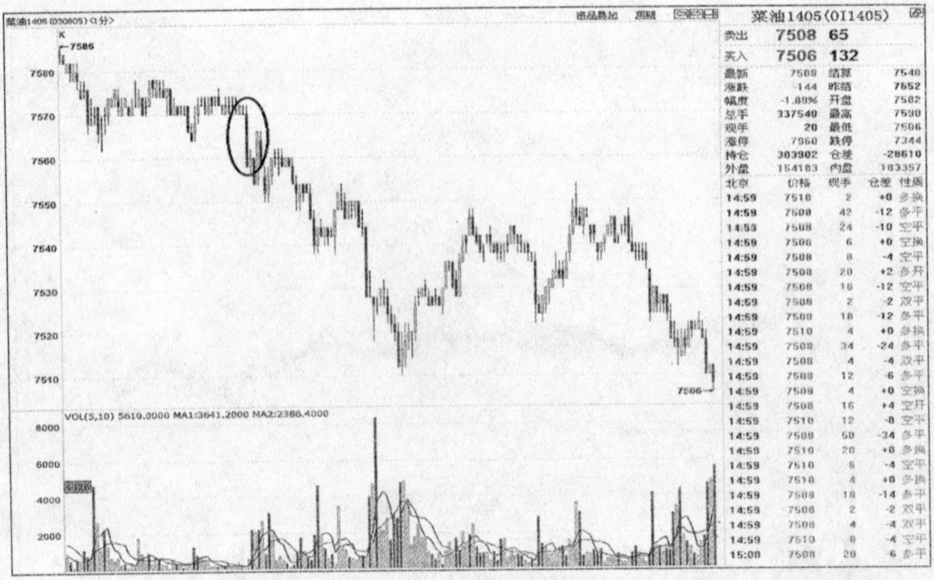

图 3-11

如果价格后期向上反弹并吃掉这些重要 K 线，那就需要将手中的空单进行止盈操作，但如果这根 K 线价格始终无法向上吃掉，那就可以继续持仓，从后面的走势来看，价格虽然有所反弹，但高点仅吃掉了这根重要 K 线的一半，因此，并不会触发止盈，如此一来，后面价格进一步下跌的盈利机会也就把握住了。

请看图 3-12，豆粕 1405 合约 2013 年 11 月 18 日走势图。

豆粕 1405 合约在 2013 年 11 月 18 日这一天低形之后形成了弱势震荡下跌的走势，这一整天的势除了上午的上冲回落与下午的破位下跌，基本上没有太大的看点，算是一种比较折磨人的行情。

下午价格破位下跌之后，出现了放量的走势，略经反弹后再次破位下跌，并且出现了一根放量创新低的 K 线，由于这根 K 线的实体相对较大，并且带有放量，特别是它起到了创新低的作用，因此，对于做空的投资者来说，这一根 K 线就是重要 K 线，依据 K 线进行止盈的方法来讲，必须要对它进行重点的关注。

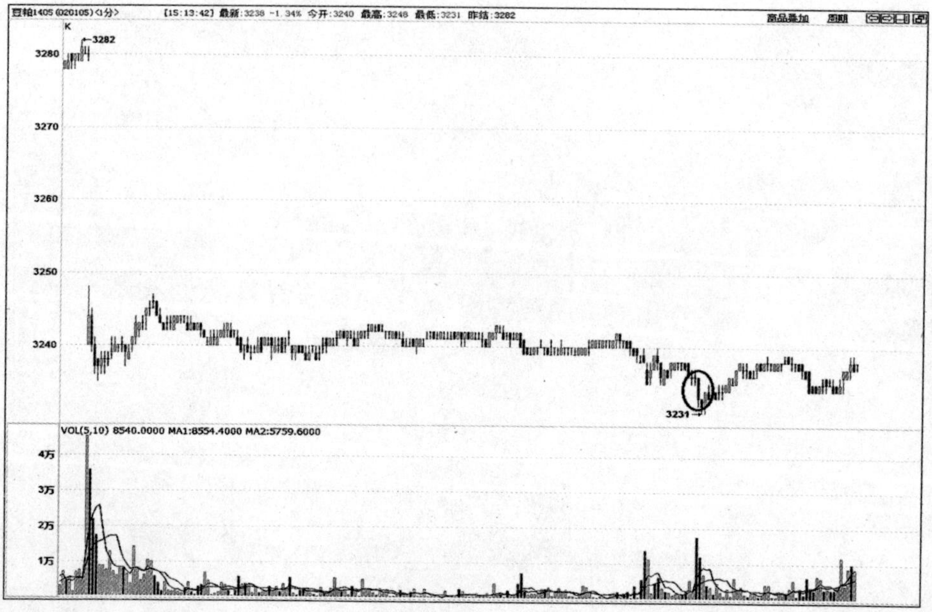

图 3-12

这一根重要 K 线出现之后，价格并未再继续下跌，而是形成了连续反弹的走势，并将这根阴线完全吞没，这根创新的 K 线未能促使价格继续下跌，在它压力与促跌作用消失，被连续阳线吞没的时候，手中的空单就一定要退出来了，以此确保到手的收益不会被连续的反弹吞噬。

重要 K 线一旦被阳线吃掉，就必须要止盈出局，不管这个阳线是单根实体较大的阳线，还是一连串的小阳线，吃掉重要阴线的开盘价就必须要走人。

请看图 3-13，鸡蛋 1405 合约 2013 年 11 月 15 日走势图。

鸡蛋 1405 合约 2013 年 11 月 15 日出现了连续震荡上涨的走势，在价格上涨的过程中成交量不断放大，量价形态非常完美，是典型的积极做多形态。

在价格上涨的过程中，投资者一定要多关注那些具备重要性质的K线，就图中的走势来看，整个上涨过程中就出现了多根重要K线。其中的两根（圆圈处）更是非常标准，因为它们都对之前的高点进行了突破，所以，如果手中持有多单，这两根K线就可以做为止盈与否的信号。

只要价格在突破阳线开盘价上方波动，就可以继续持有多单，而一旦阴线向下吞没了阳线，就需要进行止盈操作，因为重要阳线被阴线吞没，就算是不会下跌，近一段时间也很难继续上行，因此，没必要去承担未知的风险，先出局为宜，后期再有上涨的迹象，再重新入场交易就可以了。

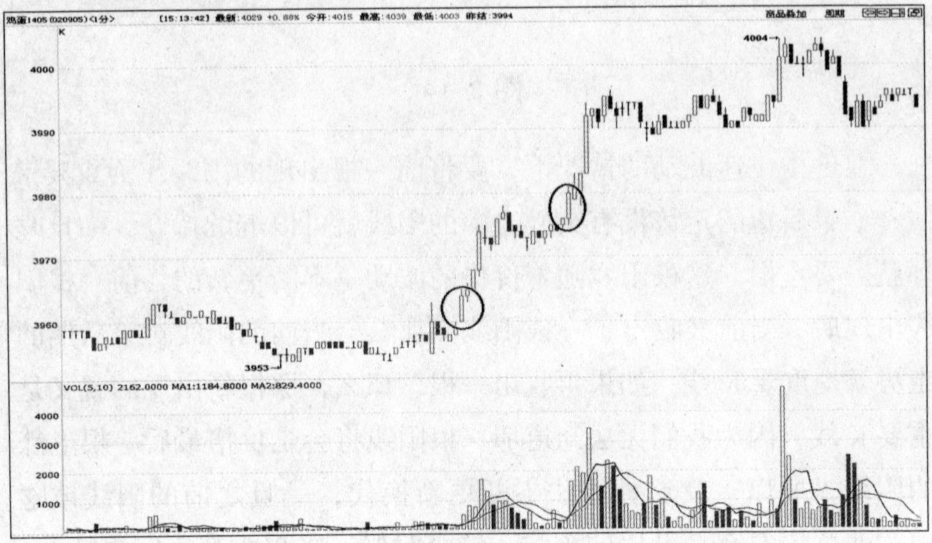

图 3-13

请看图3-14，郑煤1405合约2013年11月18日走势图。

郑煤1405合约在2013年11月18日形成了一波快速上冲的走势，在价格上涨的过程中，每一根阳线的量都不小，每一根阳线的实体也都挺大的，这又该如何判断那根K线是重要K线呢？

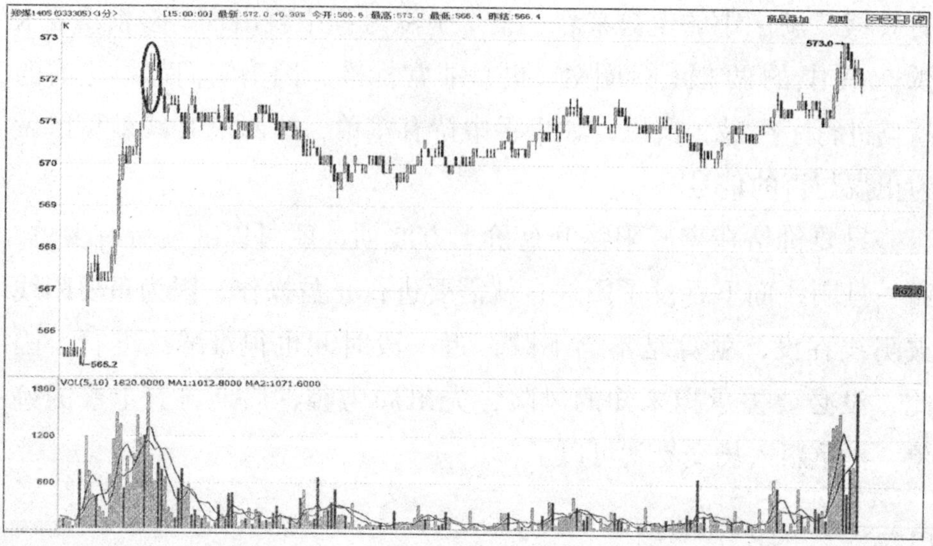

图 3-14

在价格快速波动的情况下，要将前一根出现的阳线作为重要 K 线，如果后边的走势没有突破之前的阳线就可以继续持仓，一旦吃掉就需要止损。这根阳线随着价格的波动是不断更新的，前一根阳线出现后，当前又收出了一根阳线，那么，当前的阳线对于后期的走势就是重要 K 线，如果再收出一根，那么，那根新出现的就又是重要 K 线，因为我们无法知道那一根阳线将会是价格最后一根上涨的阳线，所以，就这种方法不断更新换代，一旦之前的阳线被吃掉，就意味着它是最后的阳线，这个时候，多单也就不宜再持有，一旦要进行止盈操作。

通过重要 K 线进行止盈是实战操作过程中一种常用的手法，在所有止盈操作方法中，我们需要挑出一个最适合当前价格波动的技术来运用，如果别的方法不适合，或止盈点位的提示不合理，那就需要使用其他的方法，相互搭配着来运用，才可以发挥更好的效果，即可以留给价格合理的波动空间，又不至于利润回吐的幅度太大。

第七节　重要K线止损技

重要K线的止损与重要K线止盈方法是完全一致的，只不过因为持仓成本的不同，别人是止盈，而你就是止损了。在上涨过程中，如果你在重要K线处进行了追涨，但随后价格跌破重要K线，这个时候就需要进行止损操作。同样，下跌过程中，如果在重要K线处进行了杀跌做空，一旦重要K线被反弹阳线吞没同样需要进行止损操作。

在重要K线出现后而引发的止损交易，其实大多数属于是多头陷阱或是空头陷阱，在价格连续波动的情况下，重要K线出现后，价格往往会继续上涨或是下跌的。而从位置来看，引发止损行情的阳线多在价格波动的高位区间出现，而引发止损的重要K线的阴线则在下跌后的低位区间出现。

重要K线止损的原理就是重要支撑或压力位的失守，而一旦重要支撑位失守，价格大概率将会继续向下或是向上，因此，在重要K线无法发挥支撑或压力作用的时候，手中的持仓也就没有必要再继续留着了。

请看图3-15，豆粕1405合约2013年11月11日走势图。

豆粕1405合约2013年11月11日开盘后形成了震荡上涨的走势，在价格震荡的过程中，成交量始终都比较小，这说明资金参与交易的积极性并不高，量能没有出现连续的放大，那么，价格的波动空间也必然会比较小，无量区间投资者要做的就是耐心等待放量的出现，或是另行更换操作的对象。

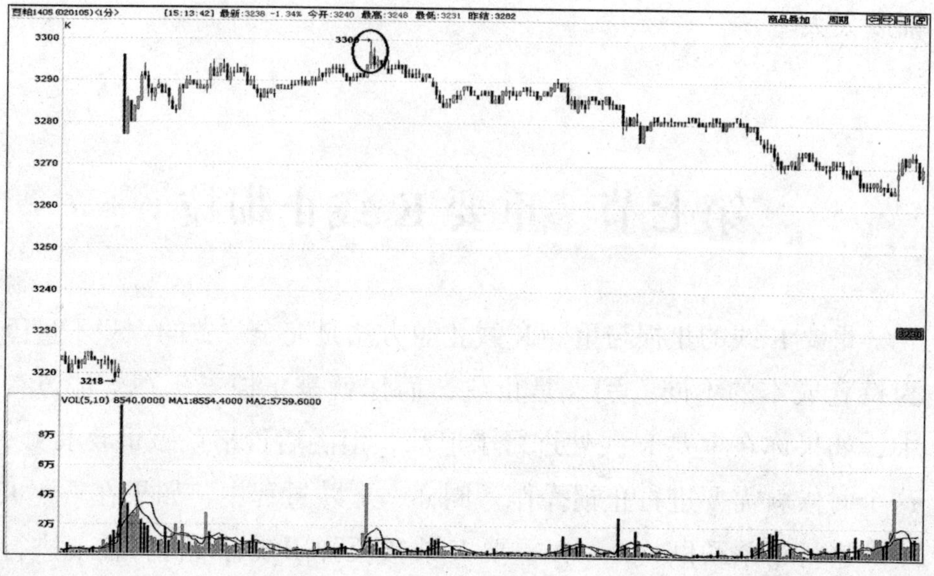

图 3-15

经过一番震荡之后，突然收出了一根阳线，这一根阳线创下了盘中波动的新高，并且成交量明显放大，它具备了重要 K 线的要求条件。由于这一根 K 线突破了新高，因此，肯定会有投资者在价格突破前高点时跟进，价格创新高跟进做多，这其实并没有任何错，只要这根突破阳线可以发挥支撑作用，上涨便会出现。

但遗憾的是这根重要 K 线的支撑作用并没有发挥作用，没几分钟，连续的阴线就将它吞没掉了，支撑失败往往意味着价格将在近一段时间内很难涨上去，所以，在突破点进行追涨操作的投资者就需要在重要 K 线的开盘价被跌破时进行止损操作。

请看图 3-16，豆粕 1405 合约 2013 年 12 月 9 日走势图。

豆粕 1405 合约 2013 年 12 月 9 日出现了一轮放量上涨的行情，涨到当天的高位区间后，成交量出现萎缩，价格也随之形成了小幅震荡走势，这就符合了笔者所说的：哪里有量哪里就有机会，大量大机会，小量小机会。

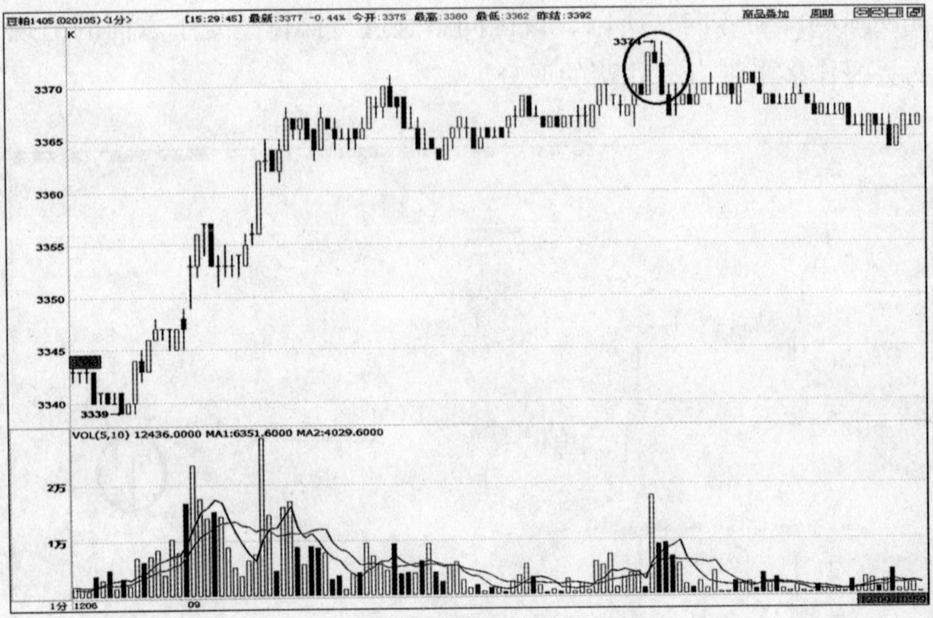

图 3-16

经过了一段时间的震荡之后，价格放量形成突破的走势，从成交量的角度来看，又恢复至前期上涨时的量能，而新高的出现更容易使得投资者有一种上涨行情将会延续的迹象。这样的走势其实也的确应当操作，毕竟大势未变，只不过量能只放大了一下，未能再延续放大，这就使得价格上涨的动力不足。量能不符合标准要求是导致价格回落的主要原因。

由于这根阳线放出了量能，同时又形成了突破，因此，它具备了重要 K 线的特征，进行了做多操作之后，就可以将它作为止损的参考。如果价格后期位于这根 K 线上方波动，延续上涨的概率就将会是极大的，而一旦向下跌破了这根重要 K 线，则需要进行止损操作。

请看图 3-17，甲醇 1405 合约 2013 年 12 月 17 日走势图。

甲醇 1405 合约 2013 年 12 月 17 日在连续下跌后，价格形成了较长时间低位震荡的走势，箱体形态的出现意味着价格在此区间并无明显的波动方向，所以，该区间不宜进行操作。先于方向的出现而去操作多半带有一些赌的成分。

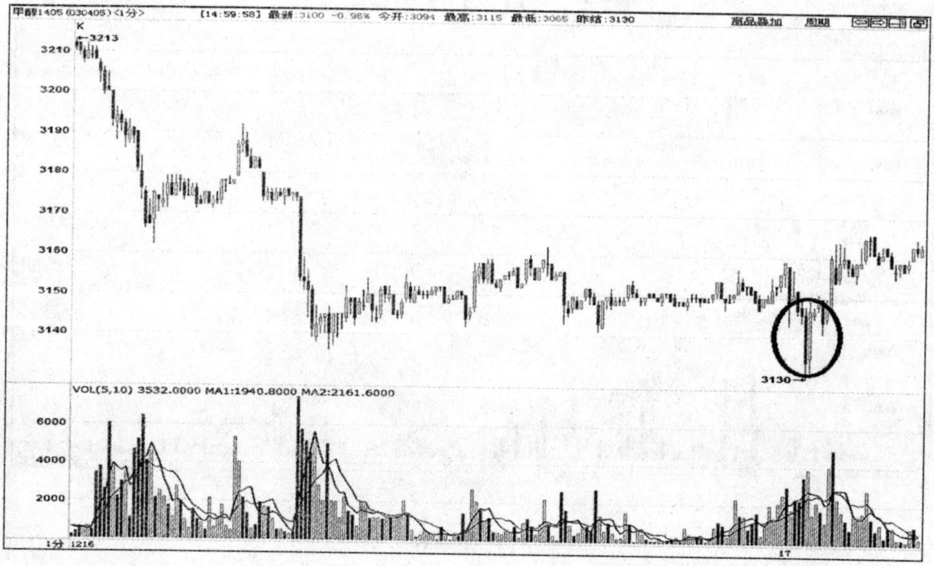

图 3-17

几番震荡后，收出了一根带量创新低的阴线，这根阴线使得价格当前的波动趋势符合了之前的大势，因此，在这个点位做多并没有技术上的错误。当重要 K 线出现之后，如果价格后期可以位于重要阴线的下方运行，那么，下跌行情就会延续，但是，如果价格向上吃掉了这根阴线，能否下跌就不太好说了，所以，这一根重要 K 线对于投资者来讲是重要的参照。

重要阴线出现之后，价格并未能够延续下跌，而是出现了反弹向上的走势，并且最终吃掉了全部阴线的实体，这说明至少在当前价格下跌是无望的。一旦重要的阴线被阳线吃掉，这就意味着多方已经有了能力进行反击，空方就是依然有较大的打压力度，也得暂时屈服。

请看图 3-18，白银 1406 合约 2013 年 12 月 18 日走势图。

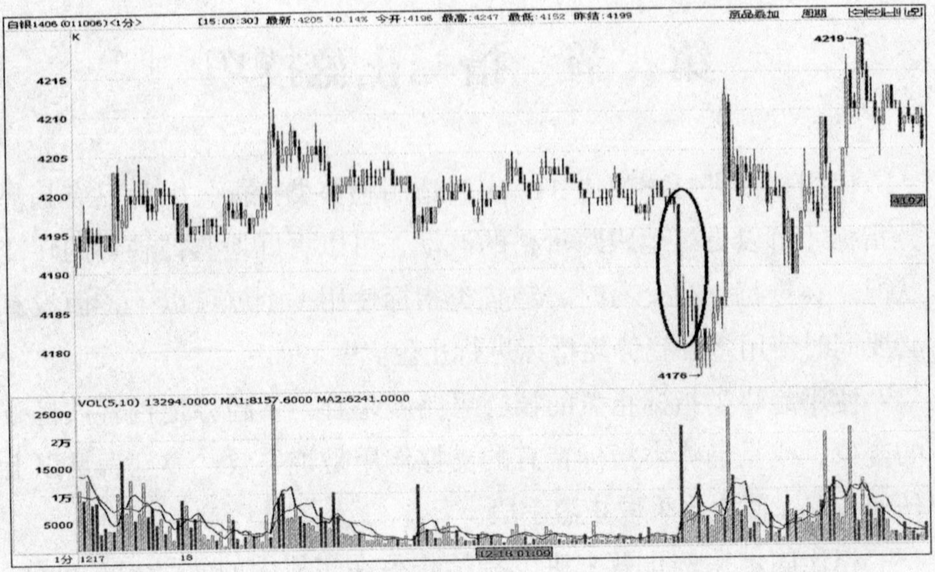

图 3-18

白银 1406 合约 2013 年 12 月 18 日价格上涨后经过一段时间的缩量震荡而后快速杀跌，大阴线的出现，一举跌破了数道支撑，再加上较大的成交量，因此说它是重要 K 线是非常正确的。

这个案例与其他几个案例有所不同，不同之处只在于：大阴线的实体过大，如果在破位时进行了做空的操作，等到阳线将它全部吃掉，那损失可能就比较大了。对于这种较大实体的重要 K 线，就不宜再按之前的方法进行止损了，因为之前的 K 线实体都比较合理，因此作为参考产生的亏损并不会太大。

面对这种大实体重要 K 线时，投资者就可以采取固定比例或固定数值止损方法，因为这个参照物的实体不太合适，所以，一定要把亏损控制在可承受的范围之内。因此，当重要 K 线实体适中适合于止损参考时就用它，如果不适合就采取另一种方式，利用固定比例止损的技巧来回避风险。

第八节 指标止盈技巧

使用指标进行止盈操作，应当选用趋势类指标，因为只有趋势类指标才可以更好地跟踪价格的波动，可以更好地监控趋势的转变状况。在进行止盈交易时，趋势类指标使用一个就可以了，而没有必要同时使用多个趋势类指标进行止盈。

使用趋势类指标止盈的核心思路就是看一下趋势是否有被打破的迹象，或是趋势类指标特有的支撑作用是否失效，一旦满足以上任何一点，便应当采取止盈手段。

相比固定比例止盈来讲，指标止盈在实战中的效果相对更好，它可以使得一笔持仓在趋势转变的初期阶段便发出信号，以避免到手的收益随着价格的反向波动而减少。

在选用趋势类指标参数时，一般不建议使用较短周期的参数，比如使用移动均线，5 周期的均线就没必要使用了，因为它虽然很灵活，但不够稳定；同时，较长周期的参数也没有意义，比如使用 60 周期的均线也没有意义，因为它过于呆滞，按较长周期的均线参数进行止盈操作，利润的回吐幅度就太大了，如果持仓成本再高一些，可能长周期指标发出信号时，利润已所剩无几了。使用移动均线的话，只用 10 与 20 周期的便足够了，10 周期的均线监控强势上涨阶段，20 周期的均线监控大方向的变化。

请看图 3-19，橡胶 1409 合约 2014 年 5 月 29 日走势图。

橡胶 1409 合约在 2014 年 5 月 29 日盘中出现了一波下跌的走势，如果在下跌的初期或是下跌的中途进行了操作，此时便可以使用 10 周期的移动均线与 20 周期的移动均线来检测价格趋势的变化情况。

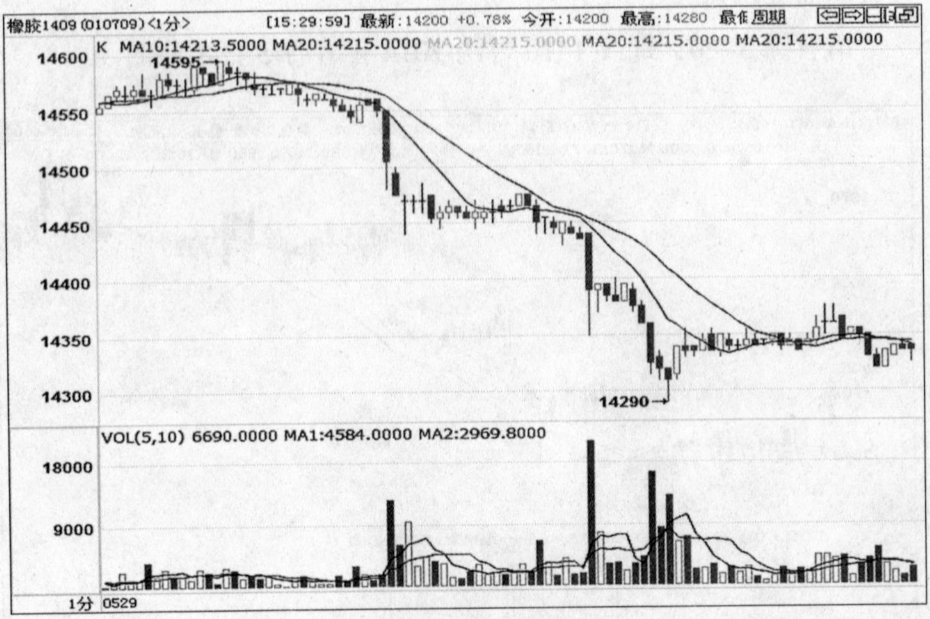

图 3-19

从图 3-19 的走势来看，10 周期的移动均线所起到的作用是：对于单边下跌的提示作用较好，只要价格保持着连续下跌的状态，K 线都将会在 10 周期移动均线下方，这一阶段要做的就是坚定的持仓。如果 K 线向上越过了 10 周期的均线，则可以将其视为是减半仓的信号，这样做虽然有可能会错过一些震荡后价格继续下跌的盈利机会，但却可以使持仓的压力大幅降低，平掉了一半的持仓，就算价格反向波动至空单的开仓位，也照样赚钱。

20 周期的均线在此时的作用就是监控大趋势的变化，只要 K 线始终在 20 周期移动均线下方，便没必要清仓，而一旦 K 线向上越过了 20 周期的移动均线，此时要做的就是进行止盈操作。因为 K 线一旦跑到 20 周期均价上方，后面的走势就充满了未知，价格的波动趋势有可能逆转，也有可能反弹一番后继续下跌，也有可能弱势震荡，但具体会如何走，是无法做出准确判断的，所以，这种未知我们需要回避一下。

请看图 3-20，螺纹 1410 合约 2014 年 6 月 5 日走势图。

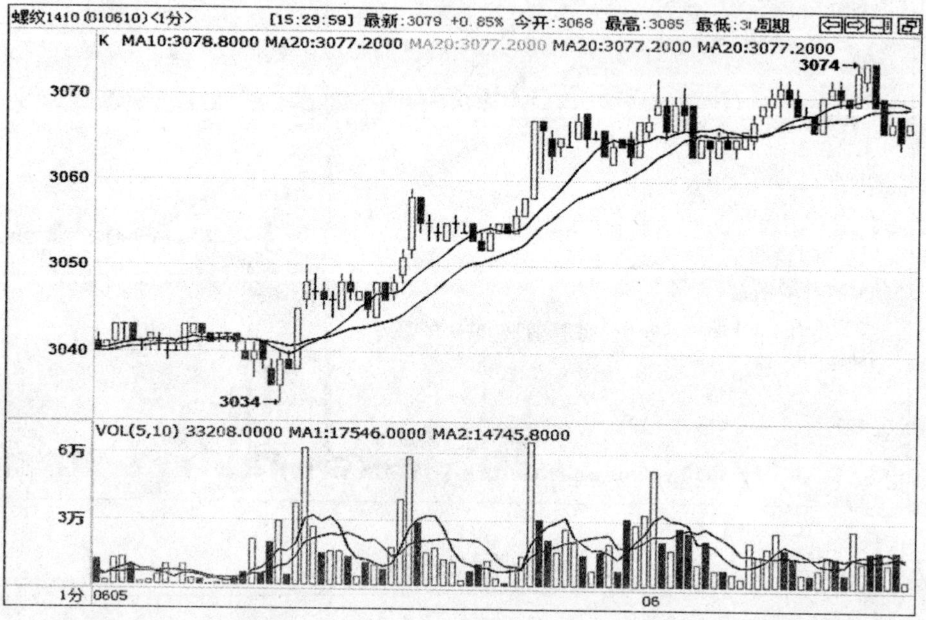

图 3-20

螺纹 1410 合约在 2014 年 6 月 5 日盘中出现了一波震荡上涨的走势，这样的上涨形态，对投资者的持仓构成了考验，价格的波动越复杂，操作的难度也就越大。不过本案例的走势其实也只算是小幅度的震荡，当遇到大幅度的震荡上涨走势，趋势类指标往往只能帮助投资者把握住其中的一个波动，很难将其拿到头。

从图 3-20 的走势来看，价格两次调整的低点全部都跌破了 10 周期的移动均线，如果严格按技术来操作，后面的波动其实就只能用半仓来做了。针对这种情况的处理方法应当是这样的，第一次的调整虽然跌破了 10 周期的均线，但由于整体收益并不是很大，甚至调整的低点处于无盈利状态，所以可暂不必止盈半仓，此时可以盯住止损位，不破止损位就拿着；而第二次调整的低点再度跌破 10 周期移动均线时，已有了一定的盈利，因此，可以先出掉一半的持仓保留另一半仓位。

价格再次上涨到高点以后，调整跌破了 20 周期的均线，此时要做的就是将全部持仓进行清仓操作，以确保到手的收益不再减少。中短两条移动均线根据价格所处的位置不同灵活搭配，这样一来，最起码一个波动中的空间可以吃掉百分之六七十。

请看图 3-21，PTA1409 合约 2014 年 6 月 5 日走势图。

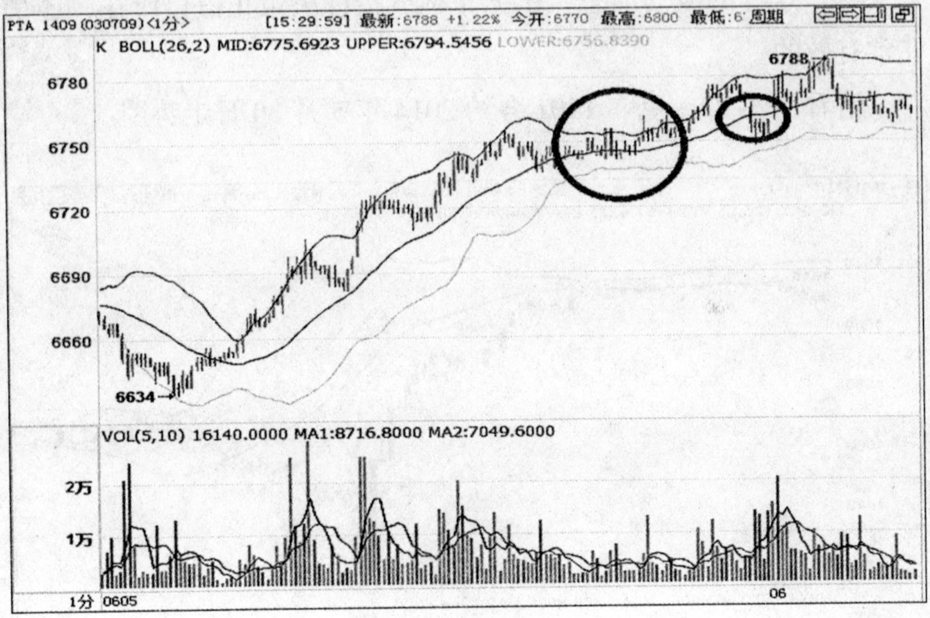

图 3-21

PTA1409 合约在 2014 年 6 月 5 日出现了一波震荡上涨的走势，从布林线指标的提示来看，其止盈的信号还是比较及时的。

在价格持续上涨的过程中，调整的低点每接近布林线指标中轨，便停止了下跌继续上涨，只要 K 线始终在布林线指标中轨上方，便可以一路持仓，没有必要进行止盈操作。上涨到高位后，价格出现了震荡的走势，调整低点也屡次跌破布林线指标中轨，这个时候应当进行止盈操作吗？此时有一个小方法，那就是布林线指标通道较宽时，使用中轨的支撑来进行止盈操作；而一旦布林线通道变窄，则应当使用布林线指标下轨的支撑与否进行止盈操作。图中第一个圆圈处虽然跌破了中轨，但由于通道变窄应当使用下轨来作为参考，所以，这一区间是可以继续持仓的。

一段震荡之后，价格再创新高，随后放量跌破了中轨，此时由于布林线通道再度变宽，因此，跌破中轨的点便是止盈。从整体走势来看，这样的波动形态，依据布林线指标决策止盈位所在，还是非常有效的。

请看图 3-22，豆一 1501 合约 2014 年 5 月 30 日走势图。

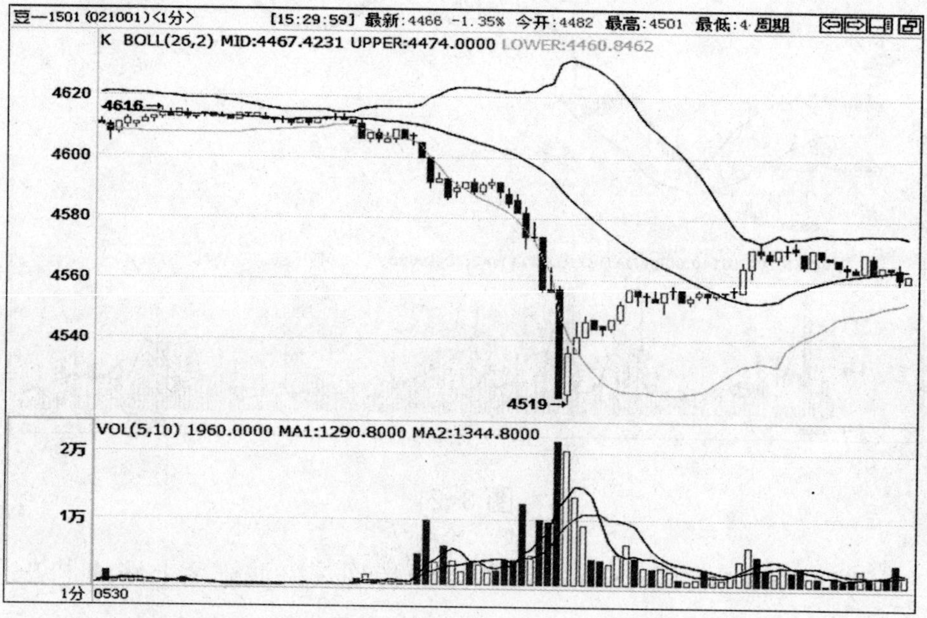

图 3-22

豆一 1501 合约在 2014 年 5 月 30 日盘中出现了一波大幅杀跌的走势，成交量不断地放大，同时不断地收出大实体的阴线，量价配合形态非常完美，投资者也可以在价格快速下跌的过程中，轻松地实现较高的收益。

最后一根大阴线出现时，价格下跌了 35 个点，仅一分钟便可以获得很高的收益，这个时候，止盈点应当放在哪里呢？由于此时 K 线距离布林线中轨已经很远了，所以，再拿布林线中轨进行止盈显然是不合适了，这样操作将意味着利润要回吐 35 个点左右，最后一根大阴线等于是没有赚到。由这个案例可以看出，一旦 K 线距离布林线指标中轨过远，布林线指标中轨的止盈提示就将失去意义。

面对这样的走势，投资者应当使用重要 K 线来决策止盈点位所在，最后一根大阴线肯定是重要 K 线，但又由于实体较长，所以，可以拿这根大阴线实体 1/3 的位置进行止盈，或至多拿这根大阴线实体 1/2 的位置进行止盈，这样一来，既留给足够的价格波动空间，又不至于整根大阴线带来的利润全部交还给市场。

指标是灵活且不断变动着的，所以，投资者在依据指标决策止盈位所在的时候，也必须要灵活，并根据指标不同的形态来灵活调整合理的止盈点，其目的就是既要给价格留以波动的空间，也要确保利润不至于大幅度的回吐，只要做到了这两点，止盈位就可以视为是合理的。

第九节 指标止损技巧

依据技术指标进行止损的最大好处就是止损位清晰，很多时候止损位可以具体到某一个价格，并且可以在止损行为进行前就可以提前预估出较为精准的止损数值。只要投资者不人为地调整止损位置，技术指标都可以帮助投资者回避价格反向波动带来的风险。

使用技术指标进行止损也必须要结合趋势类指标，其他性质的指标参考意义不大。不同性质的操作，一定要选择与之相匹配的指标。之所以止损，就是因为价格的波动方向改变了，而波动方向的改变，必然会导致趋势类指标的方向随之及时变化。

使用趋势类指标进行止损，更主要的是使用这些趋势类指标的支撑作用，一旦支撑作用失守，也就意味着价格的波动开始对持仓不利，此时就不宜继续留单了。

请看图 3-23，胶板 1409 合约 2014 年 6 月 6 日走势图。

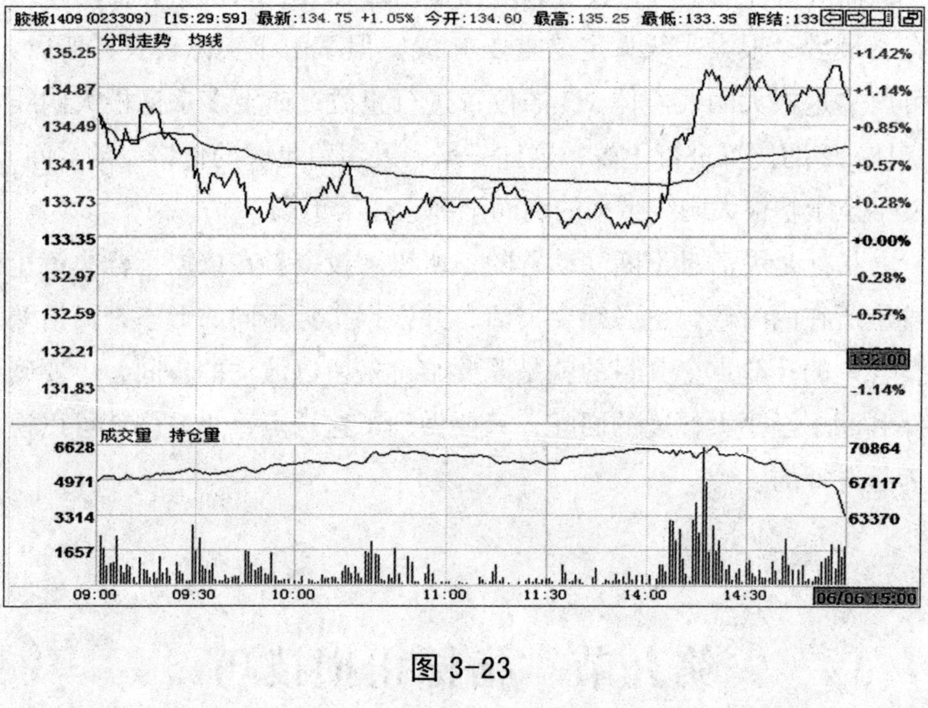

图 3-23

胶板 1409 合约开盘后不久，分时线便位于了均价线的下方，这样的走势意味着投资者应当持有做空的思路，并可根据均价线的压力作用在价格无量反弹至均价线处时开仓做空。

在以前的书籍中，笔者讲过：均价线是价格波动的多空分水岭，分时线在其上，则只考虑做多；分时线在其下只考虑做空，这样来做确保不会出现大问题。选择了合适的点位进行做空之后，止损位也要随之设置，在分时线与均价线并不是太远的情况下，可以将均价线视为是止损位，一旦分时线向上突破均价线，空单便要马上止损，因为突破走势的形成，意味着价格进入了多头波动状态，空单自然不宜再留。

使用均价线进行止损是有前提的，如果二者距离过远，比如这一天的走势如果在下午的高点进行了做多，再拿均价线进行止损显然就不合适了，且不说技术正确与否，这么远的距离造成的亏损也往往难以承受。

请看图 3-24，PP1409 合约 2014 年 6 月 5 日走势图。

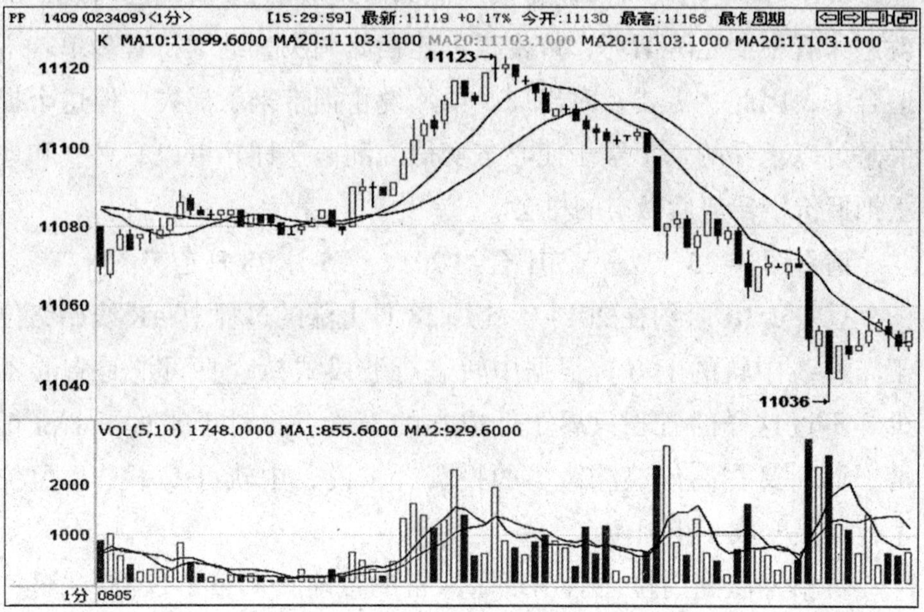

图 3-24

PP1409 合约在 2014 年 6 月 5 日盘中上涨之后又马上转势连续下跌，从这样的走势可以看到，止损与止盈是多么的关键。就算你多单成本较低，但如果不止盈，价格的连续回落必然使盈利全部消失。而如果开仓点位较高，再不进行止损操作，连续地下跌必然会使持多单的投资者满头冒汗。

价格上涨时量能放大，并且K线形态非常漂亮，难免会有一些投资者追在了高位。买点不合适并不会有太大的问题，只要止损及时并合理就可以了。例如用移动均线进行止损时可以分为两步走，在价格向下跌破10周期均线时，减掉持仓的一半，余下的半仓在跌破20周期均价线全部出局。这样做可以降低风险，同时，又可以避免错过有可能的继续上涨的机会。

跌破10周期均线减半仓是因为价格波动对持仓不利，短期趋势遭到了破坏，但是，中期趋势还并没有破坏的迹象，因此，不宜在跌破10周期均线时清仓止损。但如果跌破了20周期的均线，那就意味着中期趋势渐坏，价格很可能在此调头，继续持有多单就不适合了，因此，需要及时出局。虽然说止损带来了损失，但这个损失是可以承受的，不至于使心态变得混乱，这样才可以心平气和地去把握价格转势后做空的机会。

请看图3-25，豆一1501合约2014年5月28日走势图。

豆一1501合约在2014年5月28日上涨的过程中，K线始终位于布林线中轨的上方，根据中轨进行波段式持仓真可谓是省心不少。不过这样的省心只属于低成本的投资者，对于错过了上涨行情，而后又在高位追涨做多的投资者来说，中轨可就不是止盈位了，而是变成了止损位。

价格上涨到高位之后出现了异常的量能，调整不仅没有缩量，反而出现了放量的迹象，量价配合遭到了破坏这往往意味着价格的波动性质也将会发生改变。因此，在价格放量跌破布林线指标中轨的时候，高持仓成本的投资者就要考虑进行止损操作。

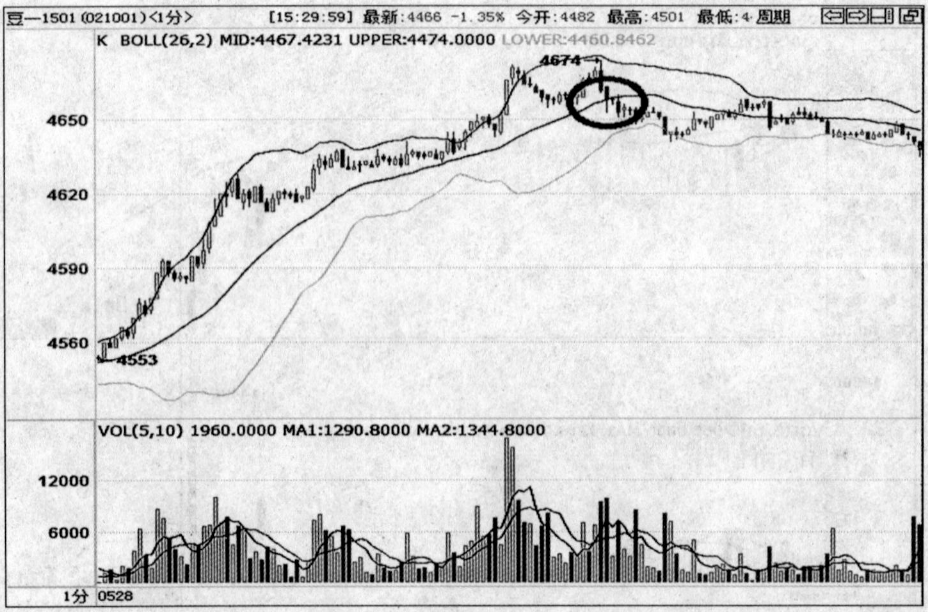

图 3-25

在价格跌破布林线指标中轨的时候，由于布林线指标通道较宽，所以不适宜拿下轨支撑做为止损，中轨一破便需立即止损走人。当然，如果投资者高位交易的持仓量相对小一些，在亏损幅度可以完全承受的情况下，可以拿下轨做为止损，但是，如果仓位较重，并且做多成本又高，还是先计算一下下轨处的亏损能不能受得了，受不了的话，还是按技术在中轨止损出局为宜。

请看图 3-26，橡胶 1409 合约 2014 年 5 月 27 日走势图。

橡胶 1409 合约 2014 年 5 月 27 日价格在盘中出现了放量下跌的走势，如果不幸追在了低位，这个时候该如何处理呢？始终请记住一点，开仓位如果不适当，这并不可怕，只要止损位设置的合理就不会有太大麻烦。开仓位不合理，止损位再不合理，那就真要吃大亏了。

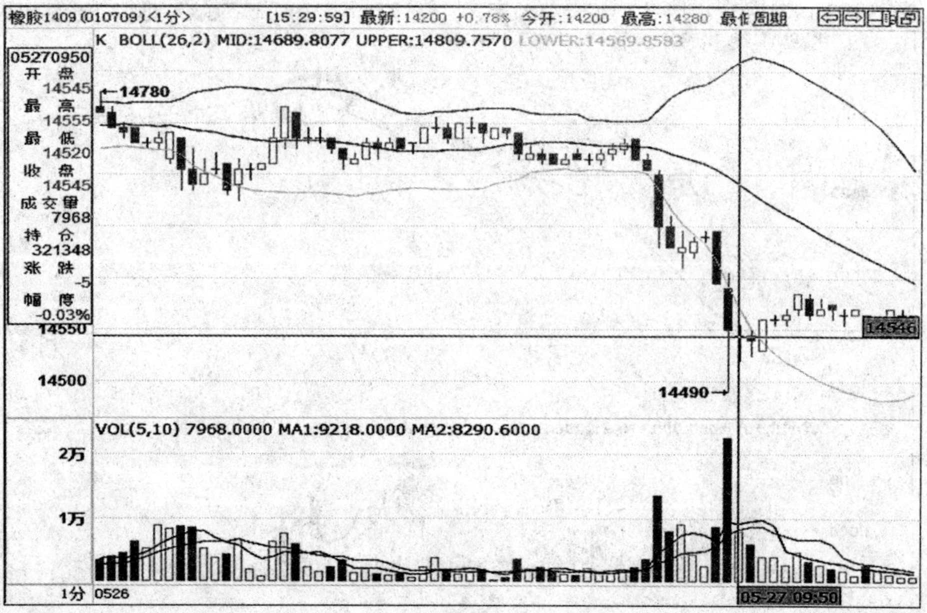

图 3-26

从低点的走势来看，K 线距离布林线指标中轨非常远，如果按布林线指标中轨设置止损静态的角度来讲就不太适合了，就算布林线指标中轨会随着价格的变化下移，其空间也比较大，除非是轻仓操作，否则仓位略重，这样的亏损是完全承受不了的。因此，如果开仓位较低，并且距离中轨较远，那么就需要再结合其他的方法来决策止损位所在了。

有些时候，价格的波动并不会给投资者留下合理的技术性点位进行止损，此时就可以使用固定比例止损方法。但如果有技术性点位，并且亏损在预期以内，便可以按技术操作。像本案例就可以这样处理：K 线在布林线指标下轨以下，这说明价格的波动处于强势下跌状态，一旦 K 线回归到布林线指标下轨以内时，便可以进行止损操作，这样一来，亏损的幅度就完全在预期之内了，并且也留给了价格足够的波动空间。

第四章　价格波动性质交易策略

价格当前的波动性质要比价格本身是涨是跌更为重要，比如，价格现在上涨，但此时的上涨是下跌后的无量反弹，那往往预示着下跌行情并没有结束。此时的上涨并不重要，重要的是上涨的性质到底是趋势的改变，还是大级别趋势中的逆向小波动。另外，对价格当前波动性质的判断也有利于建立正确的且与之匹配的操作思路，以使得操作的难度降低。

著名的艾略特波浪理论其实就是对价格波动性质的一种判断方式，这套理论非常棒，只不过也存在一些缺点，这就使得一些投资者在使用的时候受到了限制。而笔者的这套价格波动性质的判断方式，正是建立在波浪理论基础之上，经过一些改良，使得其使用方法更加简便，更容易导入实战操作中去，也使其波动的起点与终点更加容易确认。

本套价格波动性质交易策略适合于商品期货的日内判断，由于商品期货较容易出现频繁的高开低开，所以，趋势上应当略显不足；另外就是当前的主力合约仅会维持几个月，从时间上来讲，几个月的时间也较难完成整轮的性质波动。但股指期货无论是日内还是趋势都适用，因为股指期货K线的连贯性比较好。

第一节　初期上涨性质的判断

初期上涨对应的是波浪理论中的一浪上涨，从波浪理论的角度来讲，一浪上涨是在投资者迟疑之中完成的，很少有人会相信这是上涨的起点。初期上涨也具备这样的意思，在实战操作过程中，初期上涨都要用来错过的，牺牲一波上涨，换来把价格的波动性质看得更清楚。通过一波上涨，使得价格后期上涨的根基更加扎实，这就是其目的。

初期上涨的判断方式有以下几点：

1. 使用布林线指标，以其中轨为标志（如投资者不习惯使用布林线指标，也可以用20周期的移动均线代替）；

2. 布林线指标中轨由下降趋势转为上升趋势时，所对应的那波上涨便称之为初期上涨；

3. 初期上涨结束，价格调整，此时的调整称为首次调整，对应波浪理论的第二浪；

4. 波浪理论对第二浪的要求是不得低于第一浪的起点，否则形态失败；同理，初期调整形成时，其低点不得低于布林线指标下轨，最好是布林线指标中轨就产生支撑作用。

实战中，初期上涨的机会能把握住的就去把握，把握不住的就战略性错过，而后择机入场，初期上涨的操作策略将在后面进行详细讲解。

请看图4-1，橡胶1409合约2014年6月5日走势图。

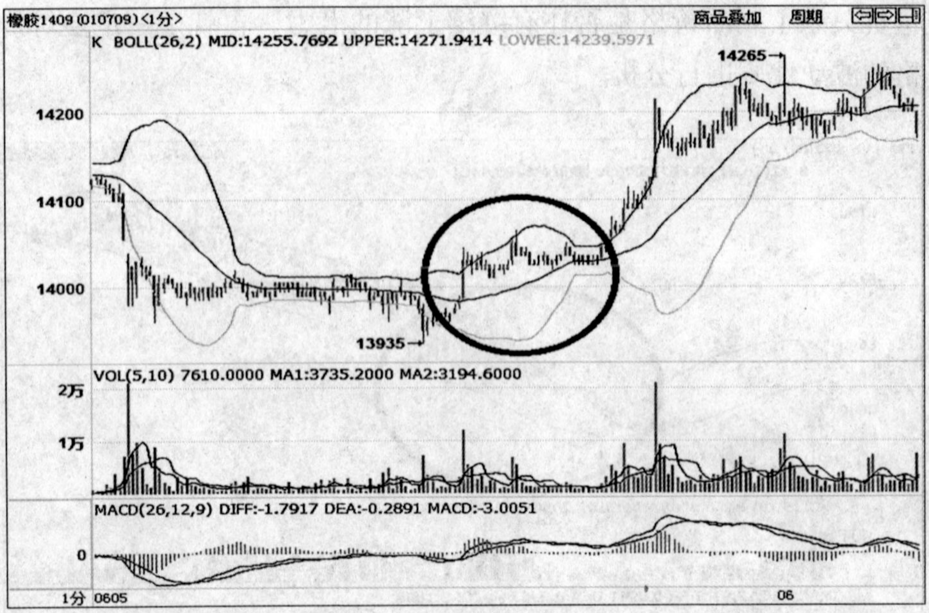

图 4-1

橡胶 1409 合约在 2014 年 6 月 5 日下跌之后出现了上涨，随着第一波上涨走势的出现，布林线指标中轨由下降趋势转变成了上升趋势，此时对应的上涨称之为初期上涨。

初期上涨必发生在布林线指标中轨由下降转为上升的那个转折区间，从后边的走势来讲，此时的上涨是第一波上攻行情，因此将其称之为是初期上涨。

布林线指标中轨由下降转为上升并不一定意味着初期上涨就成立了，还必须要结合首次调整的走势来看，如果首次调整又跌回到了上涨的起点，那就说明形态失败了。而橡胶的调整低点受到了布林线指标中轨的支撑，因此，初期上涨的形态是有效的。

请看图 4-2，PTA1409 合约 2014 年 6 月 5 日走势图。

PTA1409 合约在 2014 年 6 月 5 日下跌之后价格出现了连续上涨的走势，当一波上涨行情出现之后，投资者要做的事情一是要从量价关系上判断价格是否还有继续上涨的潜力，再就是一定要对价格的波动性质进行分析。

图 4-2

随着价格的上涨，布林线指标中轨由下降转为了上升，中轨由下向上转折所对应的上涨就称之为是初期上涨。初期上涨结束之后价格缩量调整，此时的调整就称之为首次调整。

首次调整关系到初期上涨性质的确立与否，如果价格一路下跌，跌回了首次上涨的起点，这就宣告了形态的失败，所以，必须还要对首次调整的形态进行要求。底线的要求就是首次调整的低点必须要得到布林线指标下轨的支撑，在实战操作时，以中轨的支撑效果最佳，一旦支撑发挥了作用，就可以确定初期上涨行情的确立。

请看图 4-3，焦炭 1409 合约 2014 年 6 月 5 日走势图。

焦炭 1409 合约在 2014 年 6 月 5 日下跌之后出现了连续震荡上

涨的走势，第一轮上涨之后价格调整，此时该如何判断价格后期是否会继续上涨呢?

如果说第一轮的上涨量能放得比较大，这就容易判断了，但若第一轮上涨时量能虽有，但并不是太大，这样略增加了一些判断的难度，这个时候，就可以通过价格的波动状况去确定其性质，而后判断后期的波动状况。

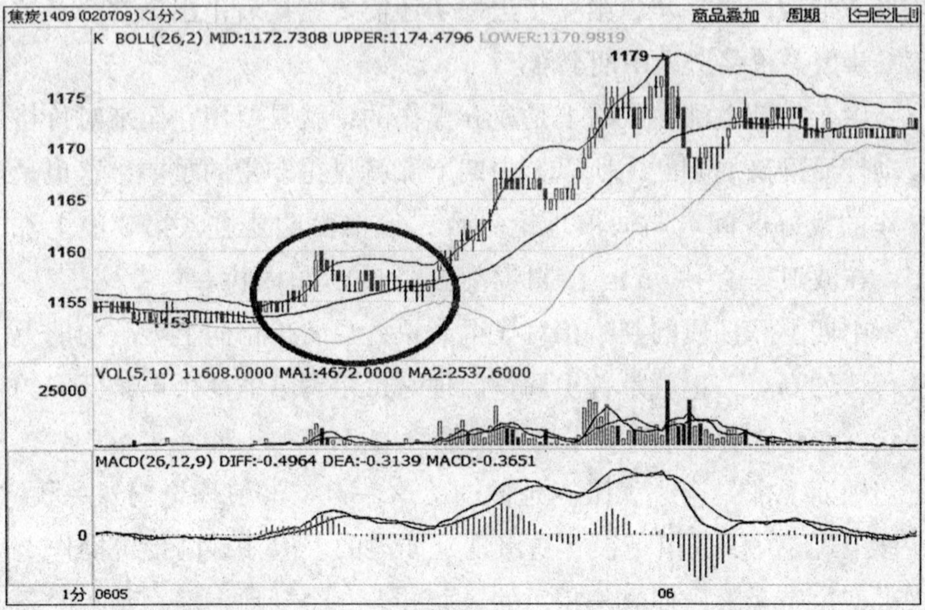

图 4-3

第一轮上涨使得布林线指标中轨由下降转为了上升，并且调整的低点也明确得到了布林线指标下轨的支撑，这说明这一轮上涨的性质为初期上涨与首次调整，量价虽然配合一般，但从价格波动的性质来讲，后期上涨的概率是比较大的，因此，投资者便可以以做多的态度去面对。

价格波动性质的判断并非百分百的准确，难免有失误的时候，但从概率的角度来讲，初期上涨与首次调整只要符合了技术要求，价格后期继续上涨的概率将会是非常大的。

第二节 中期上涨性质的判断

首次调整的低点受到布林线指标中轨或是下轨的支撑，这仅仅是形态形成的第一步，第一步迈好了还需要紧接着走出第二步，这第二步就是价格进入中期上涨。

由于初期上涨在战略上是放弃操作的，就是要用它换来对价格波动性质准确的判断，所以，中期上涨就显得非常的重要，这也是操作的大好区间。与波浪理论一致，价格由此要进入第 3 浪上涨了，在波浪理论中，3 浪上涨同样是获利的大好时机。

中期上涨性质的判断相对显得简单，只要价格向上突破初期上涨行情的高点，也就是首次调整出现时价格留下的那个调整区间的高点，便意味着价格进入了中期上涨阶段。

中期上涨是会“无限”延伸的，这一点与波浪理论仍然一致，在波浪理论中，3 浪是很容易出现延伸浪的。但在日内投机操作上来讲，这个无限延伸只是相对的，而并非一个劲地上涨。基本的条件就是，只要价格进入了中期上涨区间以后，K 线始终在布林线中轨上方运行(宽口中轨，细口下轨)，或是末期上涨性质没有形成，便可以把其都视为是中期上涨。

请看图 4–4 橡胶 1409 合约 2014 年 6 月 5 日走势图。

橡胶 1409 合约初期上涨很好判断了，布林线指标中轨起到了支撑的作用，一旦确定了初期上涨性质之后，投资者就要留意调整区间的高点有没有被向上突破，如果没有突破，便意味着上涨行情还需要酝酿一番，而一旦突破了调整区间的高点，便可以视为是价格进入中期上涨区间，很大的概率是较大的一波上涨行情将会由此展开。

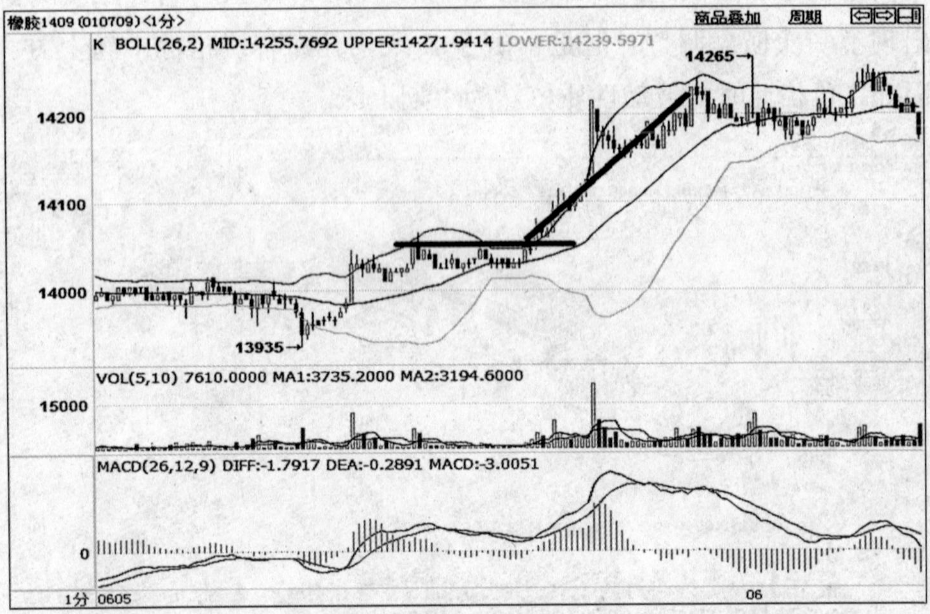

图 4-4

从图 4-4 的走势来看，在价格突破了首次调整区间的高点后，果然一路向上，这一区间也成了投资者操作的最佳区间。当价格进入到中期上涨区间之后，要做的就是两件事：一是查看布林线指标中轨是否可以一直撑住 K 线，只要 K 线没有跌到中轨下方，便意味着价格的波动将会一直向上延续；二是要查看是否有了末期上涨的信号。一旦满足这两条件，也就意味着之前的多单该考虑平仓了。

请看图 4-5，PTA1409 合约 2014 年 6 月 5 日走势图。

PTA1409 合约初期上涨的幅度比较大，初期上涨的幅度如何并不是关键，上涨幅度大反而说明多方力度大，关键在于形态是否成立。从首次调整的走势来看，整个初期上涨的过程非常完美，波动的性质也非常容易确定。

缩量调整结束之后，价格向上突破了调整区间的高点，至此价格由初期上涨阶段进入了中期上涨阶段。在中期上涨阶段中，虽然出现了一次横盘调整，但是，由于K线均在布林线指标中轨上方，因此，价格此时的波动性质依然为中期上涨。

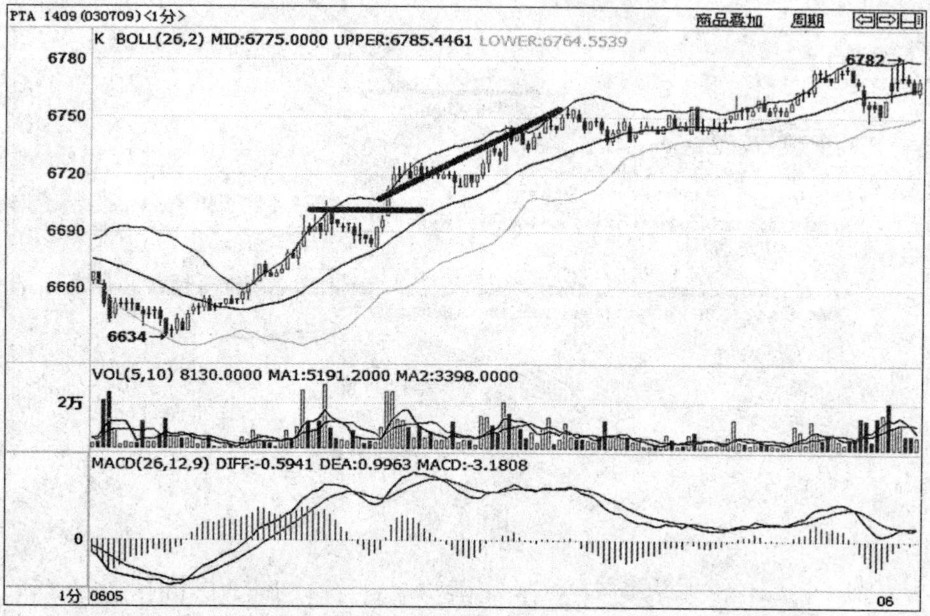

图 4-5

中期上涨过程中，K线不下破中轨，未出现末期上涨的信号，要做的事情就是顺势持仓。

请看图4-6，焦炭1409合约2014年6月5日走势图。

焦炭1409合约首次调整的低点得到了布林线指标下轨的支撑，支撑的确立说明形态走出了第一步，投资者还不宜过于高兴，如果价格一直无法突破首次调整的高点，使价格波动的性质无法延续下去，操作的机会也还是没有的。好的操作机会是否出现要求着价格必须要向上突破首次调整的高点。

在价格突破了首次调整高点进入了中期上涨阶段以后，K线便始终运行于布林线指标中轨上方，其间不管价格上涨还是调整，都是中期上涨的组成部分，投资者没有必要提前出局。

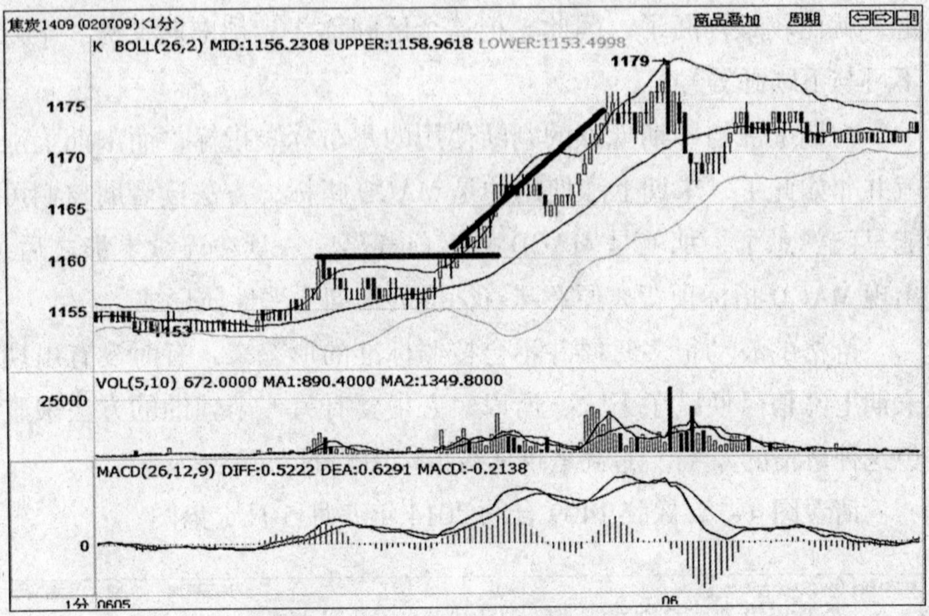

图 4-6

在中期上涨过程中，有的上涨可能只有简单的两波，有的则可能会有数波震荡的上涨走势，只要把握住两个核心：一是只要中轨不破便都是中期上涨的组成部分，操作也就变得极为简单了；另一个就是初期上涨的结束点便是中期上涨的起点，这个点位至关重要。

第三节　末期上涨性质的判断

经过初期上涨的基础奠定，与中期上涨行情的延续，价格将不可避免地迎来末期上涨区间，末期上涨听着名字是上涨的末期，但请记住：上涨的末期针对的是之前所讲的初、中期上涨，而不与后面的波动相关。价格进入末期上涨区间后，要么会转势向下，要么会持续震荡下去，要么会震荡一番之后继续上攻，至于到底会怎样走，就比较难判断了，因此，把这个区间称之为是末期上涨。千万不可与下跌画等号。

初期上涨与中期上涨的判断使用的是布林线指标，而末期上涨就并非如此了，末期上涨使用的是 MACD 指标，方法读者朋友们可能早已熟悉了，那就是 MACD 指标顶背离。一旦在连续上涨之后，出现 MACD 指标顶背离便意味着标准的末期上涨性质形成。

价格的波动很多时候并不会按照标准的形态来，有时没有出现末期上涨信号便跌了下来，所以，必须要有另一个辅助的方法来避免这种事情的发生，那就是布林线指标中轨的支撑。

请看图 4-7，橡胶 1409 合约 2014 年 6 月 5 日走势图。

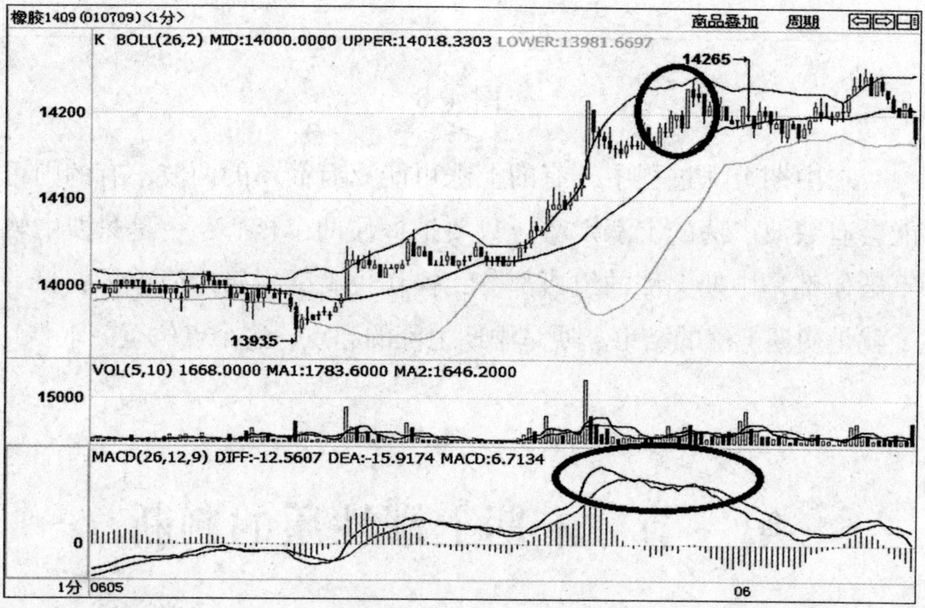

图 4-7

橡胶1409合约价格经过连续上涨之后，于高点区间再度创出新高，但在价格创出新高的时候，MACD指标的高点却呈现了降低的态势，这样的形态意味着末期上涨区间到来。

如果价格的波动形成了标准的顶部背离迹象，末期上涨区间一个最大的特点就是，投资者发现这种信号的时候，价格往往正处于上涨状态中，或处于相对的高位。从实战操作上来讲，多单的处理效果更好，比价格跌破中轨要更好操作。

如果当天整体盘面多头迹象很强，就算价格形成了末期上涨的形态，往往也很难跌下来，多数会是经过一段时间的宽幅震荡之后继续上行。所以，末期上涨并非针对当天整体行情的“末期”，而是针对自初期上涨以来当前整个波动性质的末期。

请看图4-8，PTA1409合约2014年6月5日走势图。

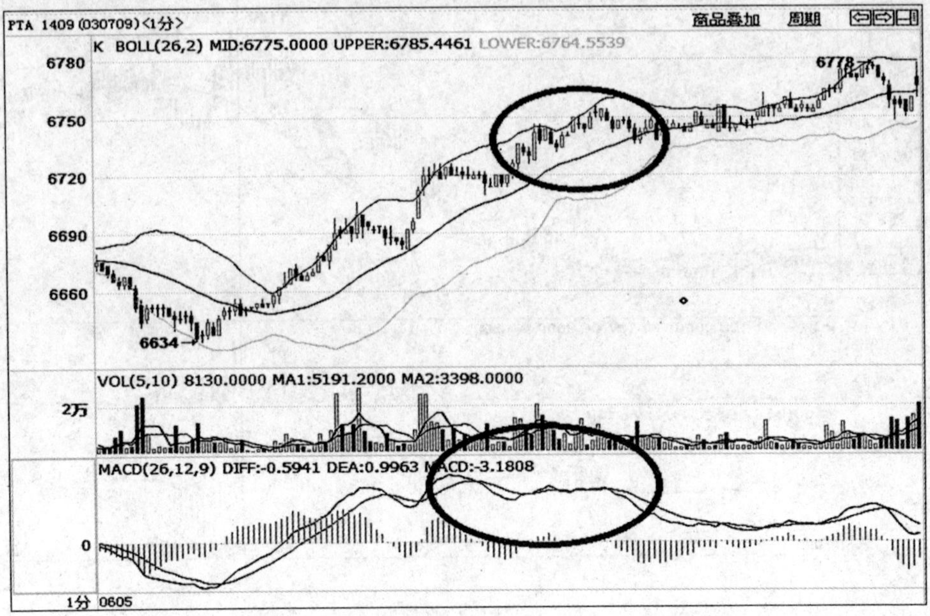

图4-8

PTA1409合约上涨时的延续性较好，K线自初期上涨便一直位于布林线中轨的上方，这样的走势，无论是寻找开仓点还是持仓都是非常轻松的。

连续上涨之后，价格震荡创出新高，但 MACD 指标却在此时形成了顶背离的迹象，这说明末期上涨行情已经到来，一轮性质完整的波动行情暂告一段落。

虽然末期上涨的形态很标准，但从实际走势来看，价格进入到末期上涨区间之后，并没有出现下跌，强势震荡了一段时间后，继续创出新高，这样的走势其实也是很正常的，任何一种方法都不可能帮助投资者拿下所有的上涨波段，满足条件的一段空间稳妥妥地拿到手这就足够了。

请看图 4-9，焦炭 1409 合约 2014 年 6 月 5 日走势图。

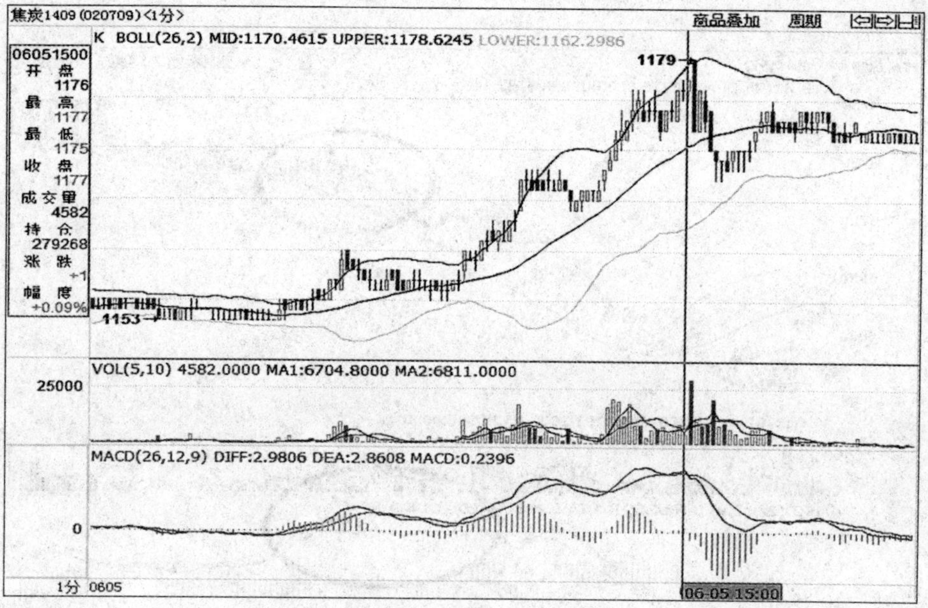

图 4-9

焦炭 1409 合约连续三波上涨之后，至收盘 MACD 形成了顶背离的信号，如果忽略开收盘的时间，只注重 K 线，MACD 指标的顶背离便是末期上涨区间到来的信号。末期上涨性质形成，价格后期的调整也是很正常的事情了。

如果结合开收盘时间的因素，在临收盘前几分钟，如果价格的波动性质没有任何进入末期上涨阶段的迹象，也需要严格执行日内操作纪律，日内绝不留单，一定要在收盘前进行平仓操作。

末期上涨性质的判断与初期上涨、中期上涨都不一样，读者朋友需要注意其中方法的差别。在MACD指标没有提示末期上涨信号的情况下，布林线指标中轨为防范风险的措施。

知道了价格上涨时的性质，也就有利于投资者制定合理的交易策略，交易机会的把握也就会变得更加简便，价格波动的性质不会直接提示投资者该如何交易，但它却可以帮助你看清价格波动的真正意义。

第四节　初期下跌性质的判断

学习了上涨初期波动性质的判断方法，下跌初期的判断也就很容易理解了。查看当前价格的波动属性，了解价格在形态确立的情况下有无进一步的下跌空间，避免在不可操作区间进行交易，这就是学习价格波动性质最主要的原因。

价格波动性质判断一旦确定，并且形态没有失败的情况下，其具体的交易方法将会是定死不变的，不管是交易的思路，还是相应的交易策略都是定死的，只需要往里套入交易的细节便可以，可以说它极大地简化了交易决策的流程。

下跌初期判断的标准为几下几点：

1．使用布林线指标，以其中轨为标志（如投资者不习惯使用布林线指标，也可以用 20 周期的移动均线代替）；

2. 布林线指标中轨由上升趋势转为下降趋势时，所对应的那波下跌便称之为初期下跌；

3. 初期下跌结束，价格反弹，此时的反弹称为首次反弹对应波浪理论下跌 5 浪中的第二浪；

4. 波浪理论对 5 浪下跌中的第二浪的要求是不得高于一浪的起点，否则形态失败；同理，初期调整形成时，其高点不得高于布林线指标上轨，最好是布林线指标中轨就产生压力作用。

只要首次反弹没有形成失败的形态，那么，价格在后期继续下跌的概率将会是比较大的，首次下跌形态成立，就算是没有在这一波下跌中进行交易，但下跌的根基打牢了，后面的下跌机会也就可以很容易地把握住了。

请看图 4-10，橡胶 1409 合约 2014 年 5 月 29 日走势图。

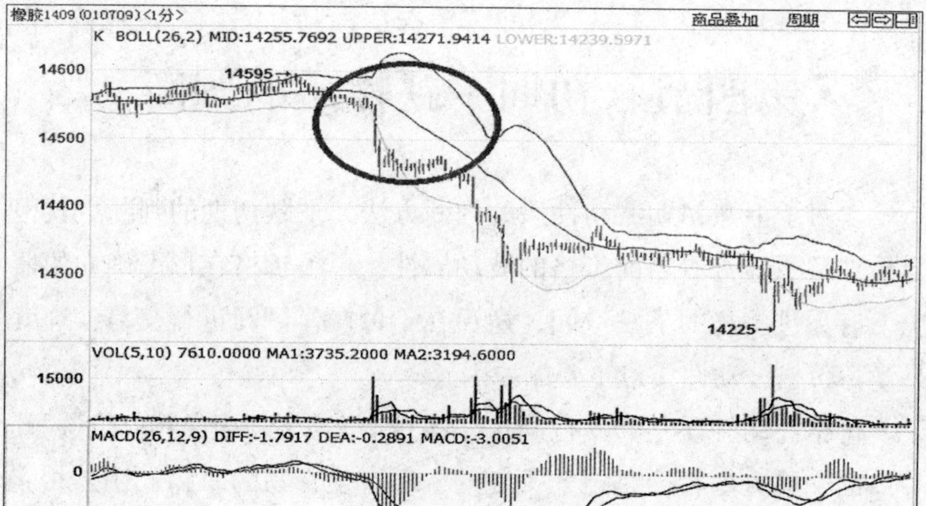

图 4-10

橡胶 1409 合约 2014 年 5 月 29 日价格窄幅震荡以后，出现了放量下跌的走势，由于布林线中轨之前是微微向上，受到下跌影响的带动转为下行，因此，可以确定此时的放量杀跌价格具备了初期下跌的性质。

初期下跌的判断很简单，即找到布林线指标中轨由上升转为下降的那个转折点就可以，这个转折点对应的下跌就是初期下跌。而初期下跌的结束就是反弹走势的出现，从图中的走势来看，放量杀跌后，价格缩量横盘反弹。转折的下跌与第一次的反弹，意味着初期下跌与首次反弹性质的确定。

价格波动性质的促使下，反弹过后又一轮的放量下跌开始，就算错过了初期下跌带来的盈利机会，只要分析对了价格的波动性质，后面的下跌把握性岂不是更大?

请看图 4-11，L1409 合约 2014 年 7 月 9 日走势图。

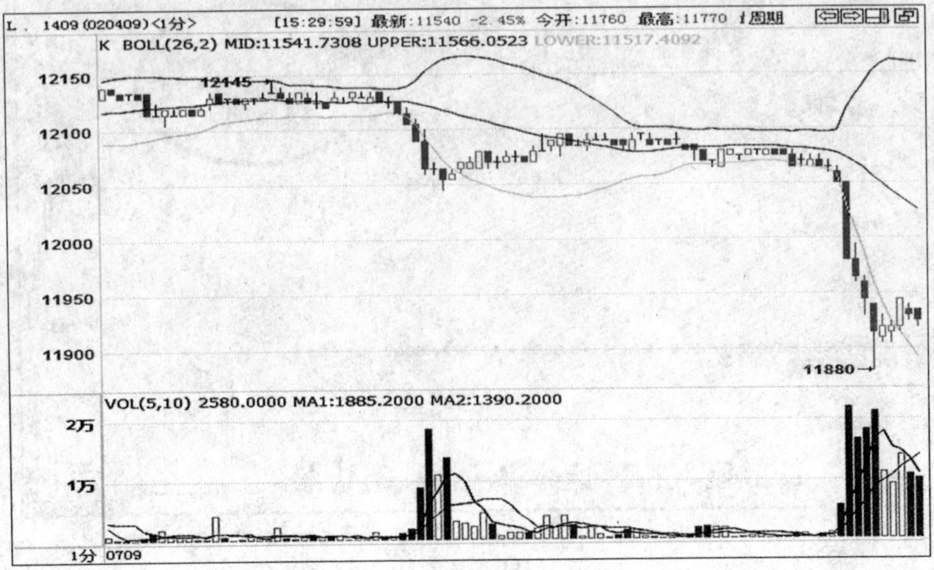

图 4-11

L1409 合约 2014 年 7 月 9 日价格在盘中出现了一轮放量下跌的走势，随后价格又出现了较长时间的反弹，面对长时间的反弹走势，该如何制定交易的策略呢？要想简化交易的流程，就一定要对价格的波动性质首先入手进行分析。

这一轮下跌伴随着布林线中轨由小角度的上升趋势转变为下跌趋势出现，布林线中轨的转折点找到了，那么，这一波价格下跌的性质也就明确了：下跌的初期。虽然后边的反弹周期比较长，但是，其高点始终没有向上突破首次下跌的起跌点，因此，它的波动性质就是首次下跌后的首次反弹。

价格波动性质确定了，且不说如何具体介入，至少此时也就明白了价格后期肯定会进入到中期下跌的过程中，这样一来，交易的机会也就显而易见了。

请看图 4-12，焦煤 1501 合约 2014 年 7 月 18 日走势图。

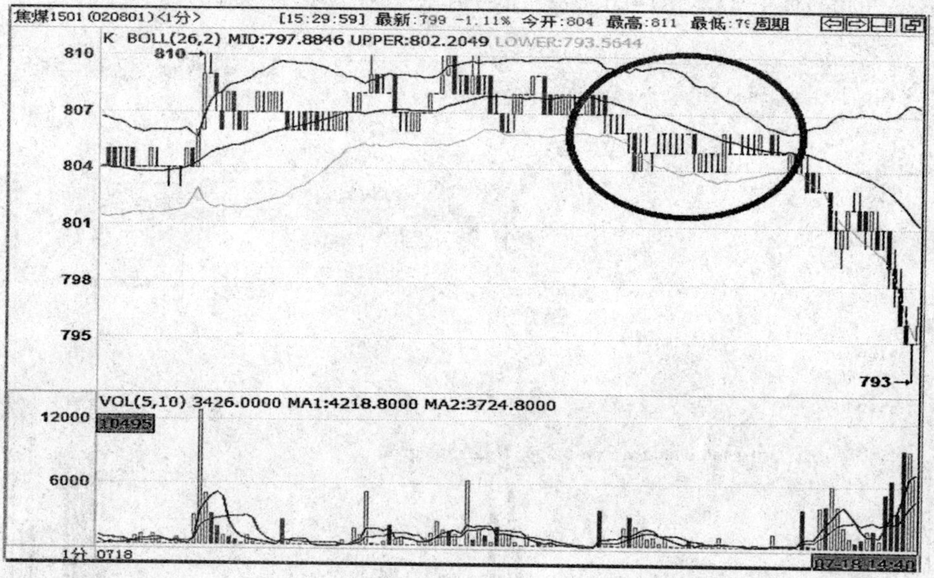

图 4-12

焦煤 1501 合约 2014 年 7 月 18 日价格在下跌前震荡的过程中，布林线指标中轨形成了小角度的上升趋势，而后随着波动重心的不断下移，布林线指标中轨由上升转变成了下降，一旦布林线指标中轨的方向发生转变，一定要习惯性地对价格的波动性质进行判断。

布林线指标由上升转为下降所对应的那波下跌称之为首次下跌，而后价格反弹，这回的反弹称之为首次反弹。首次反弹的高点没有超过起跌的高点，这意味着形态的确立。只要首轮下跌性质确定，那就说明价格后期必然还会继续下跌，进入到中期下跌过程中。

价格波动较为活跃，波动性质判断比较容易，但这种方法并不只是针对波动活跃的品种，对于波动相对呆滞一些的品种也同样适用，这是因为价格波动性质的分析方法具有广泛的适用性，是价格波动过程中难以越过去的。首次下跌性质的判断并不能为投资者指明具体的操作，它重要的意义在于提示投资者未来交易机会的所在以及该如何确定介入点。

第五节　中期下跌性质的判断

下跌初期性质确定以后，只要价格的波动形态没有失败（即向上反弹突破初期下跌的起点），就将会以极大的概率进入到中期下跌过程中。中期下跌对于投资者来说，是最好的做空时机。错过了初期下跌的走势，换来的是看准价格波动的性质，这一点点的代价换来的却是极为可靠的盈利机会。

中期下跌性质的判断是非常容易的，一旦价格向下跌破首次反弹区间留下的低点，也就是价格再创新低时，便意味着价格的波动进入了中期下跌阶段。这一区间往往是价格下跌过程中的主要下跌区间，更是为投资者带来较大收益的区间，所以，一定要好好把握价格此时波动带来的获利机会。

中期下跌阶段与波浪理论中的第三浪是一样的，都会有延伸的现象，但只要没有满足末期下跌的迹象，中期下跌性质便不会改变。

请看图 4-13，菜油 1501 合约 2014 年 7 月 10 日走势图。

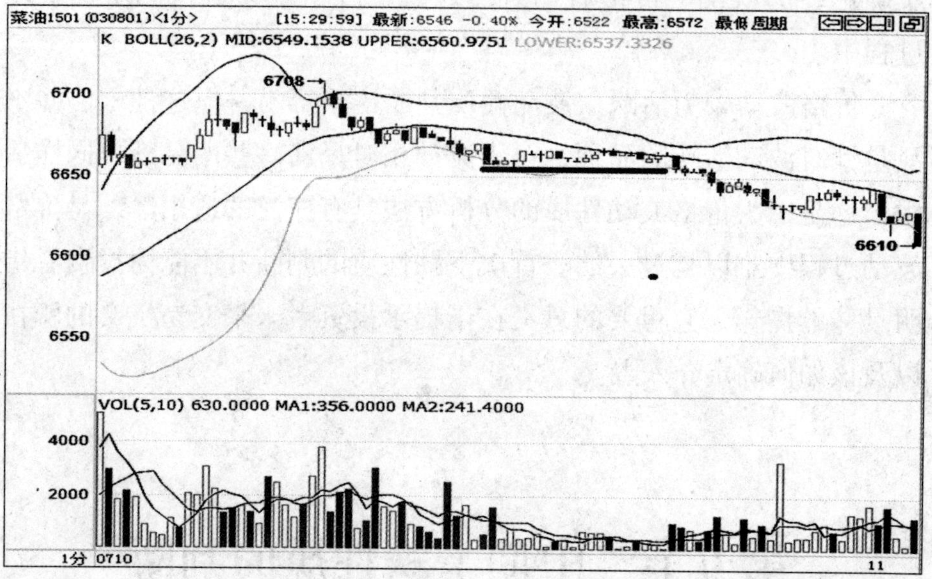

图 4-13

菜油 1501 合约 2014 年 7 月 10 日布林线指标中轨由上升转为下跌之时，价格初期波动的性质已经可以很容易地判断出来了。首次反弹受到了布林线指标中轨的压力，这意味着首次下跌形态是完全成立的，此时就需要留意价格的破位。

如果价格始终位于首次下跌的低点上方，或首次下跌起跌点之内进行震荡，这便意味着价格的波动始终停留在初期下跌阶段，没有进入到中期涨跌阶段，除了本方法中的激进操作方式外，此时应当耐心等待性质的进展形成时再动手。而一旦向下创下新低，便意味着价格进入到中期下跌阶段，中期下跌的起点位置最容易判断，可以精确到具体的价格，这是因为初期下跌的已经提前在那里，只要盯死这个价格便可以了，一旦跌破这个价格便可以采取相应的方法入场进行交易。

请看图 4-14，L1409 合约 2014 年 7 月 9 日走势图。

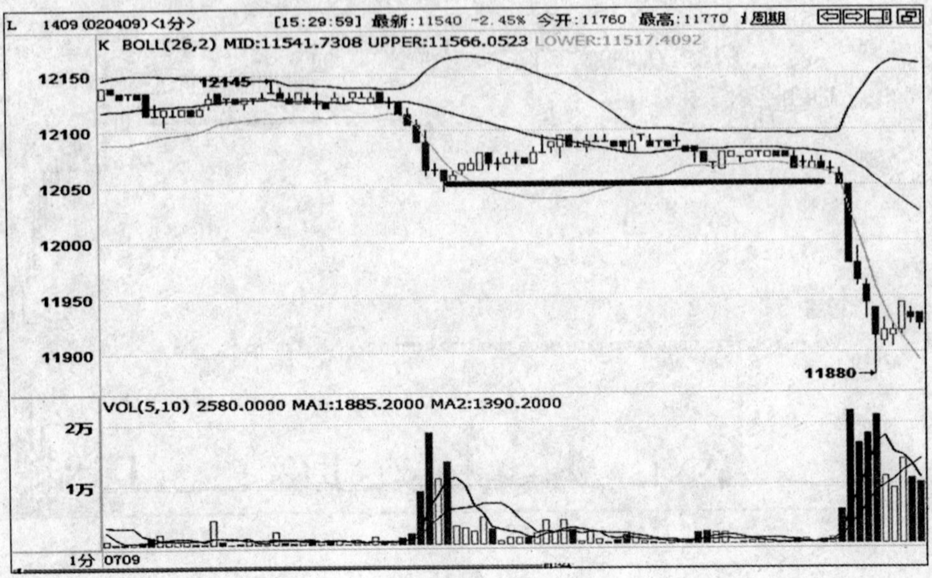

图 4-14

L1409 合约 2014 年 7 月 9 日首次放量下跌之后，价格出现了较长时间的缩量反弹的走势，在实战分析的过程中，首次反弹的时间是无所谓的，空方留给多方这么长时间进行反击，但价格却始终弹不起来，这岂不是恰恰体现了空方力量的强大?

经过了一段时间窄幅反弹之后，价格终于向下跌破了首轮下跌的低点，这意味着中期下跌走势的到来。从后期的走势来看，中期下跌的跌幅远大于首次下跌阶段，这一点与波浪理论是相符的，3 浪往往都是最长的浪。

一旦价格进入中期下跌阶段，投资者获利预期就可以放得大一些，这一区间价格的波动是很容易出现延伸的，就算是形成单波下跌，其跌幅也足以满足投资者的胃口。

请看图 4-15，焦煤 1501 合约 2014 年 7 月 18 日走势图。

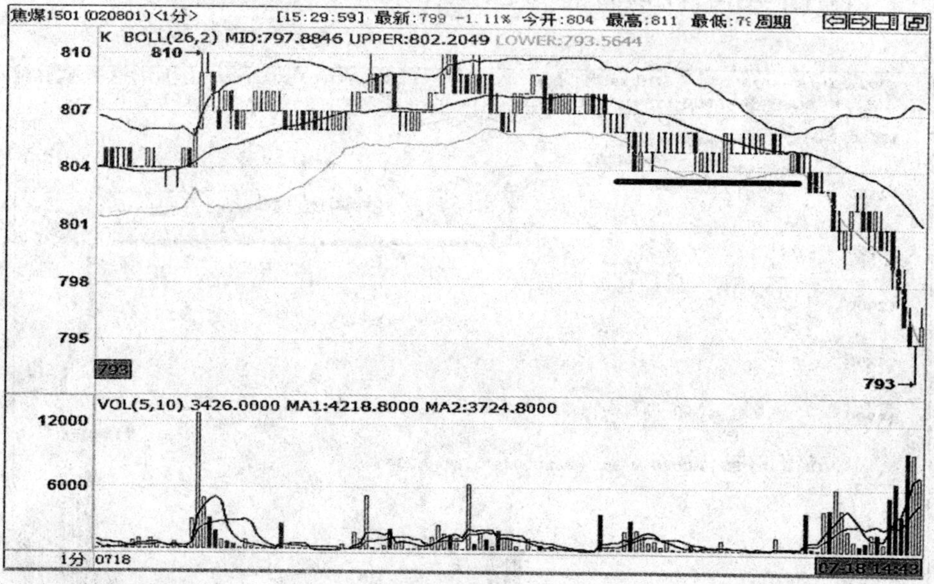

图 4-15

焦煤 1501 合约 2014 年 7 月 18 日在中轨由上升趋势转变下跌趋势，形成首次下跌与首次反弹走势之后，反弹的高点受到了布林线指标上轨的压力，这样的走势使得下跌的性质非常牢靠。

在跌破了首次下跌的低点以后，价格进入了中期下跌阶段，这一时期价格下跌的速度开始有所加快，而不像之前一样来回震荡，并且下跌过程中，成交量也开始变大，这说明在这一区间时，资金参与交易的积极性还是非常高的。

中期下跌的起点判断起来非常容易，破位就是其确定点，但是，中期下跌终点的判断却相对难一些，会有两种形态上的变化。

当然，中期下跌的终点其实并不是什么大问题，因为在价格进入中期下跌时，应当早已执行了交易，下跌到中期结束点，所要面对的只不过是多赚一些或是少赚一些的问题，而不会出现亏损的问题了。

至于中期下跌的延续问题虽然没有讲，但其实也很容易理解，只要没有形成末期下跌的迹象，价格不管如何波动都属于是中期下跌的性质了。

第六节　末期下跌性质的判断

末期下跌并不是指价格跌到这个区间便会结束下跌，这种想法是绝对不正确的。末期下跌所针对的是初期下跌至末期下跌这个过程的结束，而不是全局性下跌的结束。这就好像是5浪下跌之后，经过ABC的反弹浪，有可能再来一轮新的5浪下跌一样，这一点一定要注意，不要把某一轮下跌的末期下跌视为是当天全局下跌的结束点。

末期下跌在实战操作时有两种判断的标准：

1. 在价格连续下跌之后，一旦MACD指标有底背离迹象，便视为是末期下跌的到来，这是最标准的确定末期下跌的方法；

2. 如果价格连续下跌之后并没有形成MACD指标底背离迹象，一旦布林线指标中轨转势向上，则视为是末期下跌行情的结束。

利用布林线指标中轨的转势确定末期下跌是对MACD底背离的一种补充，因为并不是所有的下跌都一定会出现底背离现象，出现了会让分析更容易进行。如果没有出现呢？还得有一种补救的措施。

这两种方式相比，MACD 指标底背离对投资者的提示作用更好，因为当发现指标有底背离迹象，价格往往处于低位区间，平仓空单的位置也往往比较理想。而如果使用另一种方法：布林线指标中轨向上视为末期下跌的结束，当中轨向上时，价格往往处于低点反弹以来的高点，投资者的空单利润会有所损失。

请看图 4-16，橡胶 1409 合约 2014 年 7 月 7 日走势图。

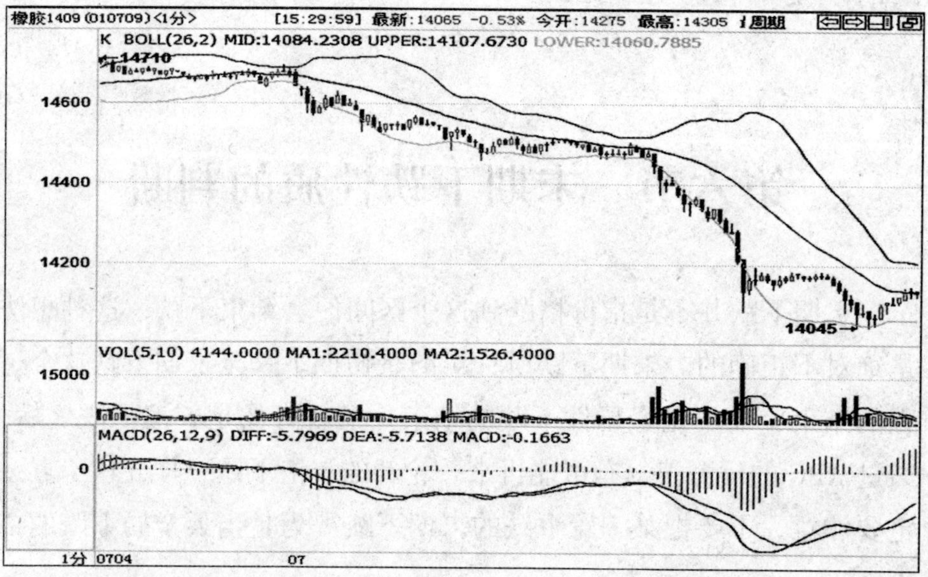

图 4-16

橡胶 1409 合约 2014 年 7 月 7 日中轨由上升转为下降以后，下跌初期的判断非常容易确定，且中期下跌的起点也很容易确定，只要创下新低便意味着进入了中期下跌阶段。只不过本案例中，下跌的中期形成了延续的状态，中轨始终保持下降趋势，并且中轨还对价格的波动产生了压力的作用，这种简单的下跌形态有什么理由要提前平仓呢？

下跌到了低点区间之后，虽然价格再度创下新低，但 MACD 指标却在价格创新低时，指标线形成了低点抬高的迹象。价格向下，指标却向上，这就是底背离到来的信号，这样的走势意味着之前完整的一轮下跌就此结束。

在价格已创下新低时，如果投资者看到 MACD 指标已无力再创新低，便可以考虑进行平仓操作，这样来做往往会把手中的空单平仓于反弹开始之前非常理想的位置。

请看图 4–17，胶板 1409 合约 2014 年 5 月 19 日走势图。

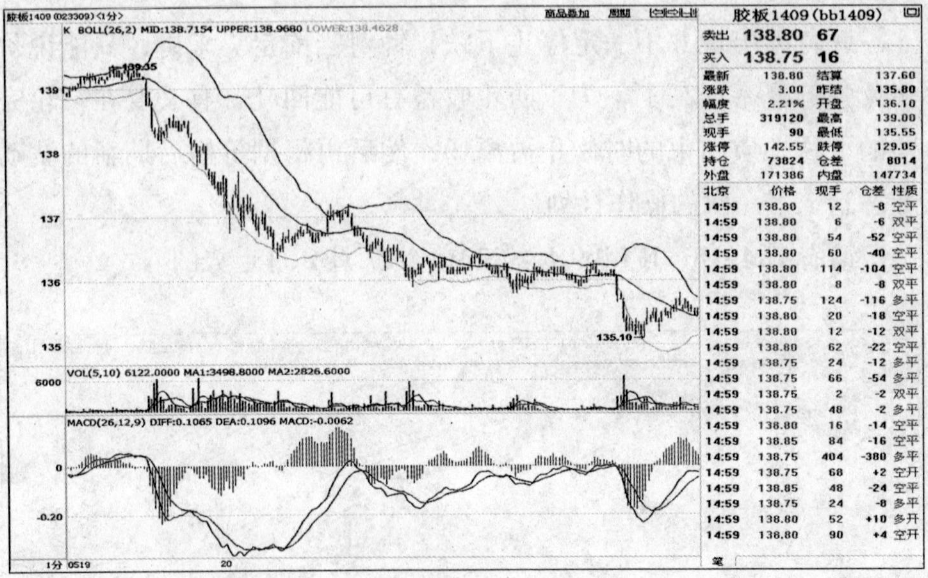

图 4–17

胶板 1409 合约 2014 年 5 月 19 日初期下跌的走势就显得非常凌厉，几根放量的阴线直接将布林线指标中轨拽了下来，而后的反弹幅度很小，并且延续的周期较短，这说明多方根本没有力量与空方反击，完美的量价配合结合着价格的波动性质综合判断，继续下跌基本上就是铁定的事情。

在价格跌破了首次反弹的低点时，中期下跌走势出现，其下跌的幅度远超过初期下跌。中期下跌整个过程都在布林线指标中轨下方，这使得持仓的操作变得非常简单，只要不向上越过中轨，便可以耐心地持仓。

经过一段时间下跌之后，K 线再度创出新低，但从 MACD 指标形态来看，指标却在此时拒绝再随价格创新低，至此底背离形态和下跌末期性质确立。此时，投资者应当借助价格下跌的低点及时进行平仓，而不必等到反弹出现再平仓，这样可以使平仓的价位更低一些。

底背离出现并不一定停止下跌，针对当前走势来讲，只能说价格反弹的概率提高了，为了防止收益有可能回吐，有必要在一轮完整的下跌性质结束的时候止盈离场，然后再根据价格后期新的波动形态制定下一次的操作计划。

请看图 4–18，IF1409 合约 2014 年 7 月 9 日走势图。

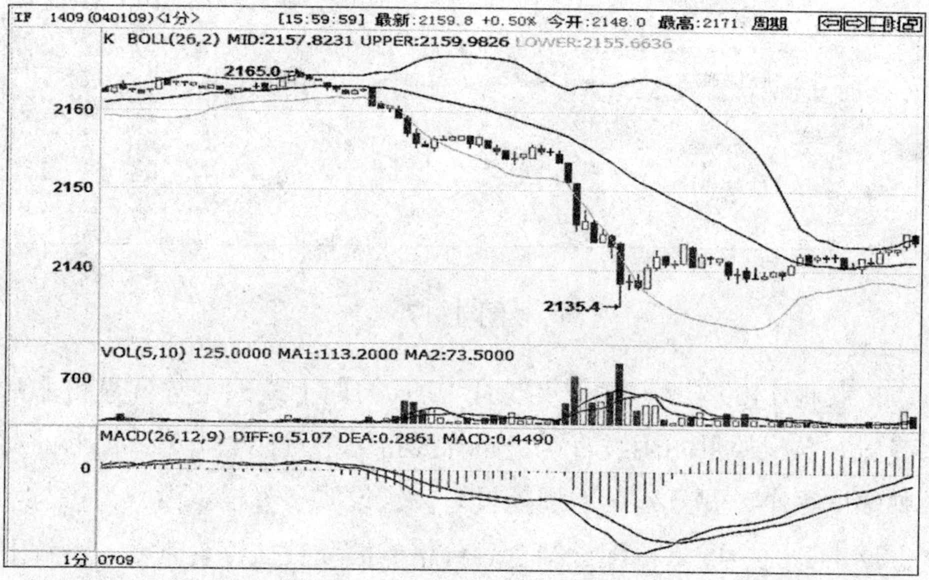

图 4–18

IF1409 合约 2014 年 7 月 9 日价格下跌初期以及首次反弹的波动性质是很容易判断的，首次下跌性质容易判断，也就意味着中期下跌的性质更容易确定，盯死新低点，新低一破便宣告价格进入中期下跌阶段。

下跌到低点以后，MACD 指标没有任何提示的迹象，价格下跌，指标线也下跌，价格反弹，指标线随之形成多头排列，没有底背离信号是不是意味着价格的波动依然属于是中期下跌呢？

如果布林线指标中轨在此时没有转头向上，那么，无论价格如何反弹，都可以将其视为是中期下跌的阶段，因为价格大波段的下跌是需要一些波动空间的，但这个空间也不能给得太多，否则利润回吐太大。所以，以布林线指标中轨的趋势方向为准效果较好，小幅度的反弹不可能使得中轨上升，而如果中轨上升则意味着价格反弹力度开始加大，这种情况就不适宜再继续持仓了。

一番反弹以后，价格无法快速创下新低，并且反弹带动了中轨由下降转为上升，此时，就可以视为是下跌末期的结束，一旦中轨有向上动作，就需要及时地将空单平仓出局。相比 MACD 指标判断末期下跌的方法，用这种方法指导平仓操作，其平仓的价格就要高了一些。但毕竟中轨只是辅助判断的手段，是波动性质改变与否最后一道识别标准，因此，价位就不要太苛求了。

第七节　初期上涨交易策略

判断价格波动性质的目的其实就是为了制定相应的交易策略，并且这些交易策略都是固定不变的，形成了这种性质就用这种交易策略来执行交易，这样可以使交易的过程变得非常简便。

初期上涨阶段由于是以布林线指标中轨（或 20 周期移动均线）为判断的依据，所以，当指标中轨明确由下降转为上升趋势时，所对应的价格其实已经涨了上来，所以，在初期上涨的过程中，往往是没有信号可以进行参与的，此时除了逆势交易别无他法。如果顺势去做，中轨向上时价格已涨了上来，此时追涨倒不如等调整出现之后再去操作为好。

因此，初期上涨的交易策略就是主动性的放弃，但是，首次调整的出现却可以入场进行操作的。首次调整出现，只要形态是成立的，也就是说调整的低点受到布林线指标中轨或是下轨支撑，并且不跌破初期上涨的起点，就可以在支撑点进行操作。

如果支撑失败，首次调整的最终止损位在价格跌破布林线指标下轨的时候，只要下轨不破，便可以持仓。

请看图 4-19，橡胶 1409 合约 2014 年 6 月 5 日走势图。

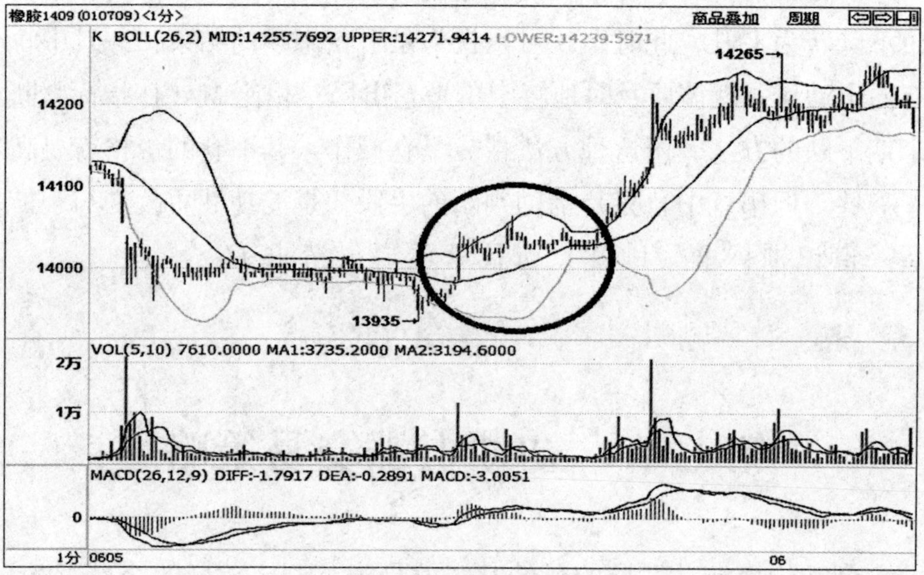

图 4-19

橡胶 1409 合约 2014 年 6 月 5 日价格出现破位后快速起涨，多头的波动形态使得布林线指标中轨由下降趋势转变成了上升趋势，至此宣告了首次上涨性质的到来。

当发现布林线指标中轨转为上升趋势时，那根大阳线已经出现了，因此，进行追涨并不是最好的策略。如果价格后期会继续上涨，那必然还会有进一步的上涨空间，因此，首次上涨区间就算是不追涨，也照样有机会交易。但如果首次上涨形态失败，那么，在上涨时不去追涨则会避免了损失。

首次上涨结束后，价格出现调整，并且调整的低点受到了布林线指标中轨的支撑，在价格到达布林线指标中轨的时候，便可以入场进行做多操作，而后将布林线下轨视为是止损点所在，跌破下轨则技术上进行止损。而一旦价格跌至初期上涨的起涨点，则意味着初期上涨形态的彻底失败。

请看图 4-20，PTA1409 合约 2014 年 6 月 5 日走势图。

图 4-20

PTA1409 合约 2014 年 6 月 5 日随着价格下跌的结束，连续的阳线使得布林线指标中轨由下降转为了上升，至此，价格的波动性质便可以很容易地判断出来了。

这一次初期上涨延续的时间较长，并且有一定的空间，这样的上涨形态使得投资者就是在这一区间内追涨也可以实现盈利。但是，这并不代表初期上涨一定可以追涨，笔者的建议是：有很好的机会且风险能够承受得住可以做一下，但原则上是主动放弃。

初期上涨结束之后，价格出现了调整，首次调整的出现意味着交易机会的到来。在价格调整至布林线指标中轨的时候，便可以入场进行操作。而后将下轨的支撑视为是最后的防线，一旦守不住，在首次调整区间介入的多单便需要进行技术性止损操作。

布林线指标中轨与下轨都有支撑的作用，但在价格波动的过程中，到底哪个位置会产生实际的支撑作用促使价格上涨，不走出来是很难判断的，因此，到达中轨便做多，只要价格可以延续上涨，下轨的支撑将会是很难失守的。

请看图 4-21，焦炭 1409 合约 2014 年 6 月 5 日走势图。

焦炭 1409 合约 2014 年 6 月 5 日一波小幅度的上涨，带动布林线指标中轨由下降趋势转变成为上升趋势，价格此时的波动具备了初期上涨的性质。

随后调整走势出现，初期上涨之后的首次调整一旦形成，投资者一定要注意此时的做多机会，这往往是一轮延续性上涨行情的起点区间。这一次价格调整的低点受到了布林线指标下轨的支撑，从实际的交易来说，中轨处其实已经开仓了，除非还有资金可在下轨处进行加仓操作。

中轨的支撑处进行了操作，就算形态失败，价格跌破下轨时进行止损，亏损的幅度也是极为有限的，而相比后面的上涨行情，这点亏损的代价根本不算什么了。

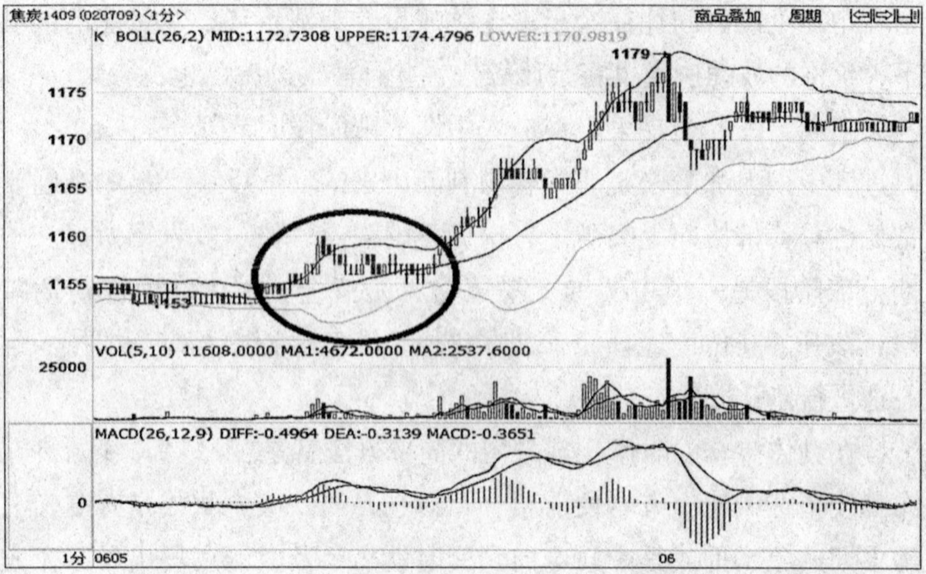

图 4-21

上涨初期阶段，理想的介入点并不在上涨的过程中，而是在首次调整区间，因为首次调整是上涨性质确立成败的关键，只要支撑有效，那么，上涨行情便可期，所以，在调整低点受到支撑的区间进行操作，很容易做在未来上涨行情的起点处。

主动放弃初期上涨阶段，积极把握首次调整带来的做多机会，这便是初期上涨阶段的核心思路。而具体操作细节就是利用布林线指标的支撑进行做多，利用支撑失败进行止损。

第八节　中期上涨交易策略

初期上涨的介入点是为了把握未来行情的起点，而一旦价格进入到中期上涨阶段，也就迎来了绝好的获利机会。很多情况下，价格在中期上涨区间往往会出现连续放量的上涨走势，在量能的推动下，价格的波动速度也将会比较快，并且波动的幅度也比较大。

中期上涨的交易策略在进入中期上涨阶段时入场进行操作，何时进入中期上涨阶段是非常容易判断出来的，所以，交易的难度非常低，只要价格向上突破了首次调整的高点，便可以入场做多。中期上涨阶段另一个主要的交易策略就是持仓，因为在上涨初期阶段，该开的仓位已经开完了，在价格上涨的过程中，应当按技术耐心地进行持仓操作。

在具体持仓的时候，常采用的简单方法就是：只要 K 线始终在布林线指标中轨上方，便需要一路持仓，当跌破中轨或是有明确上涨末期迹象、抑或是中轨方向转变时就需要及时的离场出局，完成一轮上涨操作。

请看图 4-22，橡胶 1409 合约 2014 年 6 月 5 日走势图。

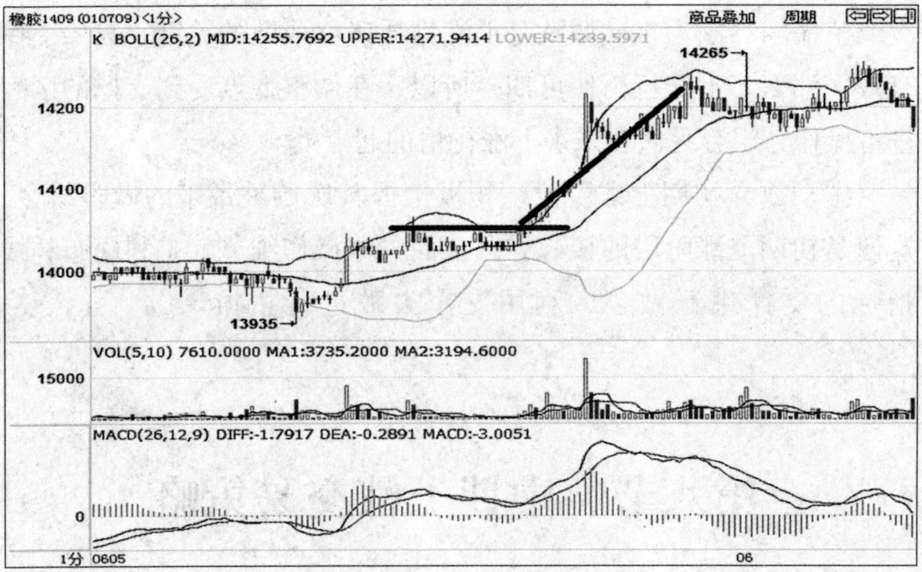

图 4-22

橡胶 1409 合约 2014 年 6 月 5 日首次调整的低点得到布林线指标中轨支撑之后，价格便在后期出现了连续上涨的走势，而上涨的起点就是价格突破首次调整高点的位置，突破走势的形成，标志着中期上涨行情的到来。

如果在首次调整区间进行了建仓，只要还有资金，便可以在价格进入到中期上涨时进行加仓操作。中期上涨区间有可能会有多个介入点，但最合适的介入点就是突破点，这个点位是非常容易把握的。

一旦在价格进入到中期上涨阶段进行了操作，接下来的工作便是要耐心地进行持仓，什么时候价格向下跌破了布林线指标中轨，什么时候便可以减仓或是清仓。

请看图 4-23，焦炭 1409 合约 2014 年 6 月 5 日走势图。

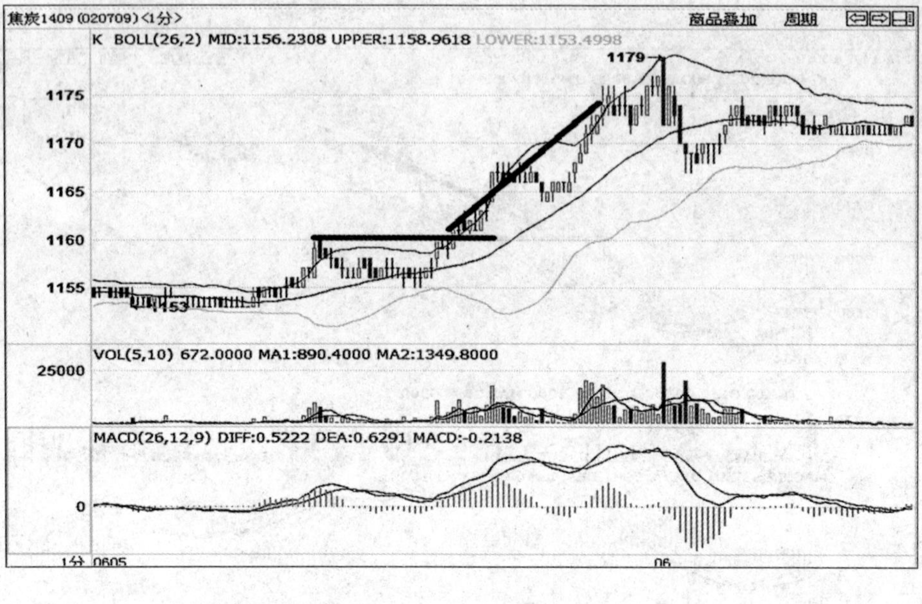

图 4-23

焦炭 1409 合约 2014 年 6 月 5 日价格受到布林线指标下轨支撑

以后，便在后期连续上涨出现了一轮上涨行情，从此可以看出，价格波动性质的判断对制定交易策略的重要性。

除了在首次调整的低点可以入场操作以外，在价格向上突破了首次调整高点时，也可以入场进行做多操作。突破点便是价格由初期上涨进入到中期上涨的分界点，一旦价格进入到中期上涨，其上涨的速度往往是很快的，并且上涨幅度也将会明显地加大，因此，上涨初期与上涨中期的分界点便是价格加大上涨力度前最好的一个介入点。

价格进入到中期上涨阶段之后，上涨中途出现了一次调整，由于调整时 K 线位于布林线指标中轨上方，因此，价格这一区间波动依然属于是中期上涨性质，只要中轨支撑有效，无论是其间的调整还是突破都可以继续持仓或是入场进行操作。

请看图 4-24，PTA1409 合约 2014 年 6 月 5 日走势图。

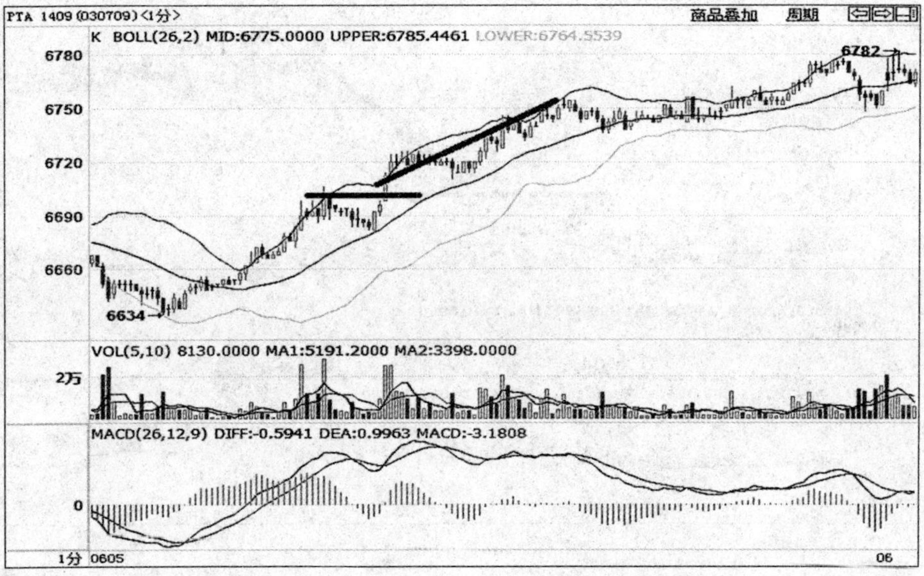

图 4-24

PTA1409 合约 2014 年 6 月 5 日首次调整受到布林线中轨支撑以后，价格便在放量的推动下顺利地突破了首次调整区间的高点，这样的走势意味着中期上涨的到来，价格将会有很大的概率在后期出现超过初期上涨幅度的行情。

在突破点进行了操作之后最主要做的事情就是如何进行持仓交易，持仓的方法根据投资者不同的获利偏好，会有好多种，既然按照布林线指标中轨判断价格的波动性质，那么，就做到统一，在价格进入到中期上涨阶段，就利用布林线指标中轨的支撑及促涨作用进行持仓，只要 K 线始终在布林线指标中轨上方，便需要一路进行持仓。直至价格向下跌破布林线指标中轨时再进行减仓或清仓操作。

价格进入到中期上涨阶段，投资者可以向市场多要一些收益，价格此时的理论最小涨幅也将会与初期上涨的波段涨幅一致，这符合波动理论中的“浪的等长原则”，即三波至少会与 1 浪保持等长。依据这个原理，中期上涨阶段理论上最小获利幅度也就可以轻松地判断出来了，只要在中期上涨阶段成交量有明显的放大迹象，那么，中期上涨阶段的幅度就必然会大于初期上涨区间的涨幅。

第九节　末期上涨交易策略

上涨的初期主动地错过，上涨中期积极地把握交易的机会，上涨末期来临要做的自然是获利了解。这样的做法其实就是大家经常说的一句话：“吃鱼吃中段。”

末期上涨一定要明白，它针对的只是从初期上涨以来的过程，而并不代表当天的上涨就一定到此为止了。很多时候，价格在强势上涨时，虽然走完了一轮完整的性质波动，但经过一番调整之后又会继续向上创新高，甚至再形成一轮新的完整性质的波动。因此，上涨末期并不代表见顶了，只是阶段性的性质已走完一波。

末期上涨形成时，价格由于上涨的幅度已经较大了，所以，调整的空间也往往会比上涨期间的调整幅度要大，虽然有做空的机会，但请切记，上涨末期只可以进行平仓交易，绝对不可以进行逆向交易，也就是说在上涨末期行情到来的时候，绝对不可以进行做空操作。不能反向交易，那就意味着价格进入这一区间应当做的事情就是尽量寻找高点平仓手中的多单。

请看图 4–25，橡胶 1409 合约 2014 年 6 月 5 日走势图。

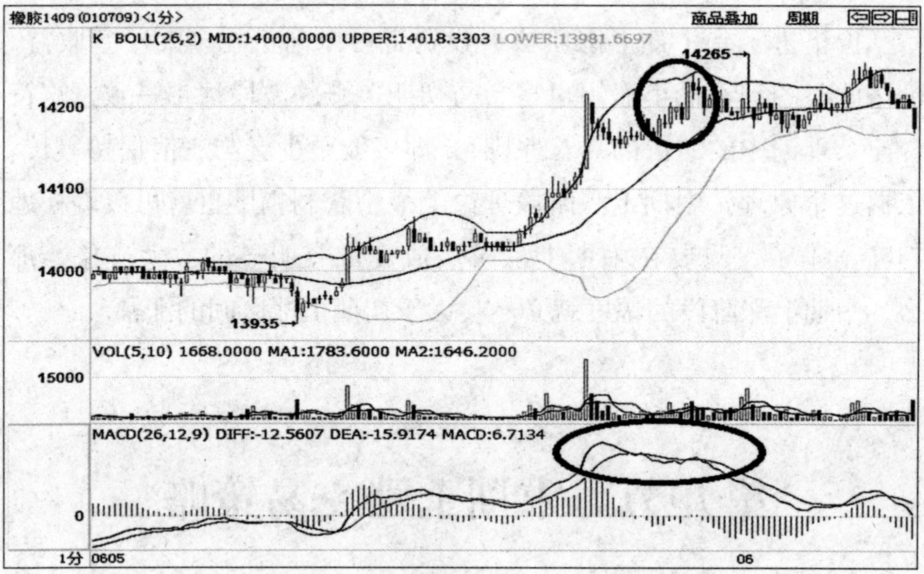

图 4-25

橡胶 1409 合约 2014 年 6 月 5 日价格经过了上涨初期、上涨中期的波动之后，再度创出了新高，但是这一次的新高走势却产生了问题：K 线虽然创出新高，MACD 指标却形成了高点降低的走势，这样的技术形态就是上涨末期到来最直接的信号。

虽然价格创出新高的确令多单比较舒服，但并不是所有创新高的走势都可以促使价格继续上涨，那些价格创新高，但指标的高点却降低的走势往往意味着价格将会产生调整，由于顶背离形成，价格停止上涨的概率比较大，因此，一旦出现顶背离末期上涨性质，便需要将手中的多单进行平仓操作。

之所以使用 MACD 指标的顶背离来判断价格末期上涨的性质，最主要的原因就是当发现这种波动状态以后，价格恰恰处于相对的高点，平仓的位置是非常理想的，相比其他的平仓方法，也只有利用顶背离可以帮助投资者平仓在价格波动的高点区间，而不是次高点区间。

请看图 4-26，焦炭 1409 合约 2014 年 6 月 5 日走势图。

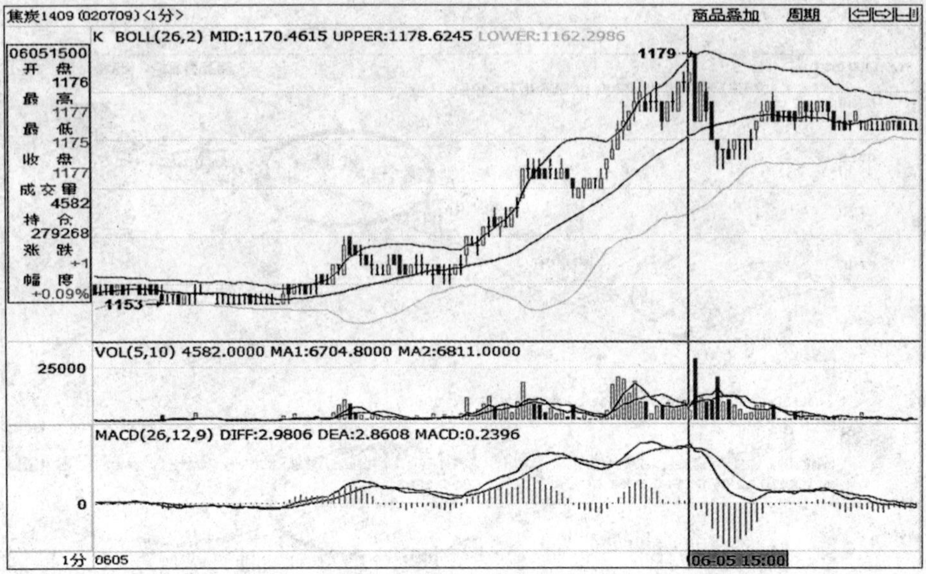

图 4-26

焦炭 1409 合约 2014 年 6 月 5 日价格经过三波上涨之后，于高点区间出现了末期上涨的信号。从波浪理论的角度来讲，1~5 浪的走势非常清楚，仅使用波动理论，这一轮价格波动的高点区间也可以判断出来。

价格连续上涨以后再度创出新高时，MACD 指标则没有随价格一起再创出新高，而是形成了高点降低的态势，虽然本案例中的高点降低状况并不是非常明显，但是，细节已决定了价格将要出现调整。

一旦发现价格创出新高，但 MACD 指标却拒绝跟着一起上行，先于价格调整形成高点降低走势时，便需要趁价格还未回落时，及时地将手中的多单止盈平仓。虽然价格有可能回落，但此时的操作只可以进行平仓，不可以逆势做空，要做空必须要等到价格形成明显的空头迹象时再做，而不是在上涨形成高点时放空。

请看图 4-27，PTA1409 合约 2014 年 6 月 5 日走势图。

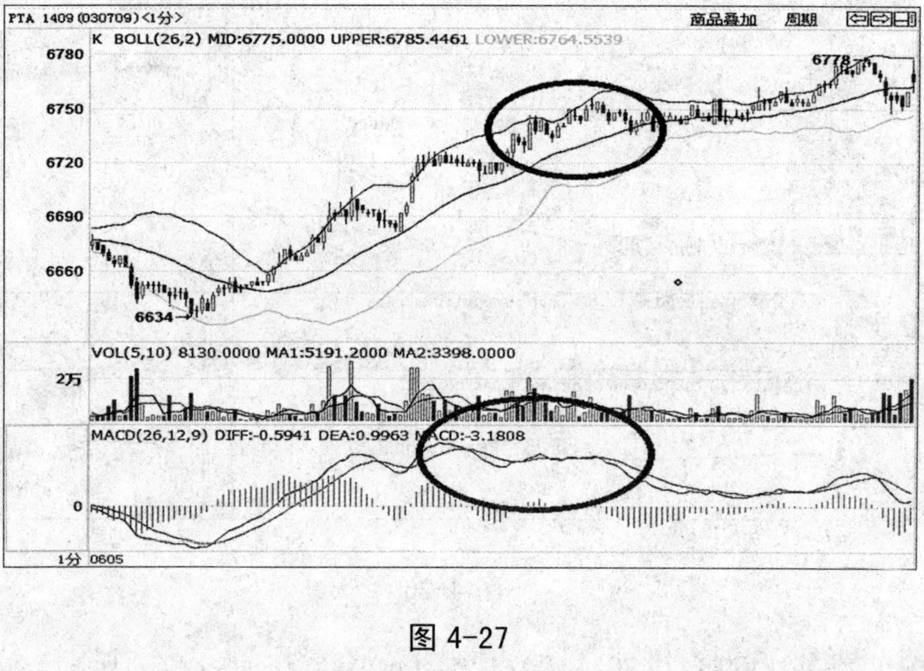

图 4-27

PTA1409　合约2014年6月5日价格连续上涨再度创出新高时，MACD指标形成了明显的顶背离迹象。此时的操作策略就是逢高把多单平掉，MACD指标顶背离迹象的出现意味着价格调整的概率是比较大的，而一旦调整出现，则会对多单不利，因此，需要在这一区间逢高平多单。

为何一直强调顶背离之后价格将会出现调整，而是不是下跌呢？正如本案例后面的走势，价格果真出现调整了，但其调整的低点却在布林线指标中轨处便停止了。调整的力度很弱意味着多方很强，因此，价格经过一段时间的强势震荡之后，再度创出新高，但此时的新高已与之前完整的一轮波动性质无关了。

虽然末期上涨的高点相对后面的高点就不是高位了，但在价格出现调整前，这个高点是技术上完全可以把握住的高点所在，未来的走势是未知的，而当前的走势是已知的，已知的技术形态就是指标有了顶背离迹象，且价格的波动具备了上涨末期的性质，因此，平仓多单是完全正确的交易策略。

由本案例也可以看出，虽然价格具备了末期上涨的性质，但空单是不可以在这一区间入场操作的，否则，强势调整以后价格的再创新高，就会对做空的投资者带来风险。大势未改，没有任何下跌技术特征出现之前，正确的做法就是平仓多单，而后再根据价格后期的波动状况依据技术形态进行操作。

第十节　初期下跌交易策略

下跌初期的主要交易策略也是主动性放弃，其原因就是通过一波空方的下跌与多方的反弹来查看多空二者的力度状况，从走势上判断谁的力度更大，价格更容易偏向那个方向波动，而后寻找介入点把握价格后期延续下跌的机会。

初期下跌多发生于价格转势的时候，刚刚下跌的时候很难确认下跌是否有效，因为最初下跌时其走势与价格调整时的走势非常接近，所以，操作上很难及时地把握住，这也是主动放弃这一区间操作的一个主要原因。

初期下跌的过程虽然是要主动放弃的，但是，初期下跌后的反弹出现时，却是要注意把握交易机会的。如果价格下跌，初期下跌后的首次反弹则是下跌过程中最理想的逢高做空点。

请看图 4-28，橡胶 1409 合约 2014 年 5 月 29 日走势图。

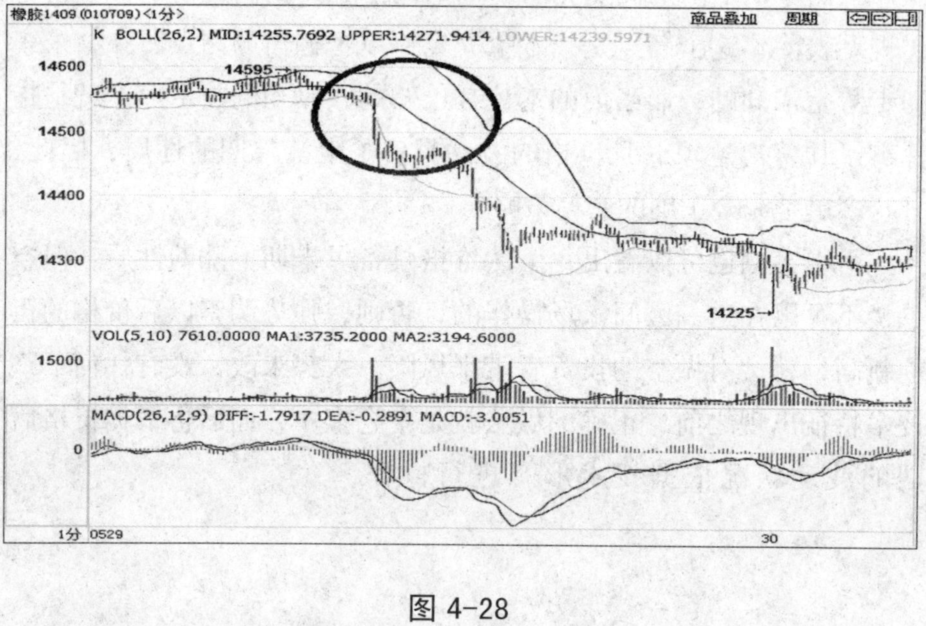

图 4-28

橡胶 1409 合约 2014 年 5 月 29 日价格震荡上涨之后转为下跌，布林线指标中轨也随着价格连续的回落由上升趋势转变成了下降趋势，中轨的转折点确定，意味着价格此时已经进入了初期下跌阶段。

初期下跌结束之后，价格出现了反弹的走势，在反弹的时候，成交量出现了明显的萎缩，放量下跌无量反弹，这意味着资金做空更为积极，再加上价格反弹时以横盘的形态出现，更加说明了空方的强大。

由于空方力度大，反弹的高点并没有太高，这样的走势给投资者的逢高交易制造了麻烦，高点较难把握。如果价格形成横盘形态的反弹，投资者可在这个狭小的空间内于任何价格进行开仓做空，而后利用重要K线止损的方法来防范风险。

请看图4-29，L1409合约2014年7月9日走势图。

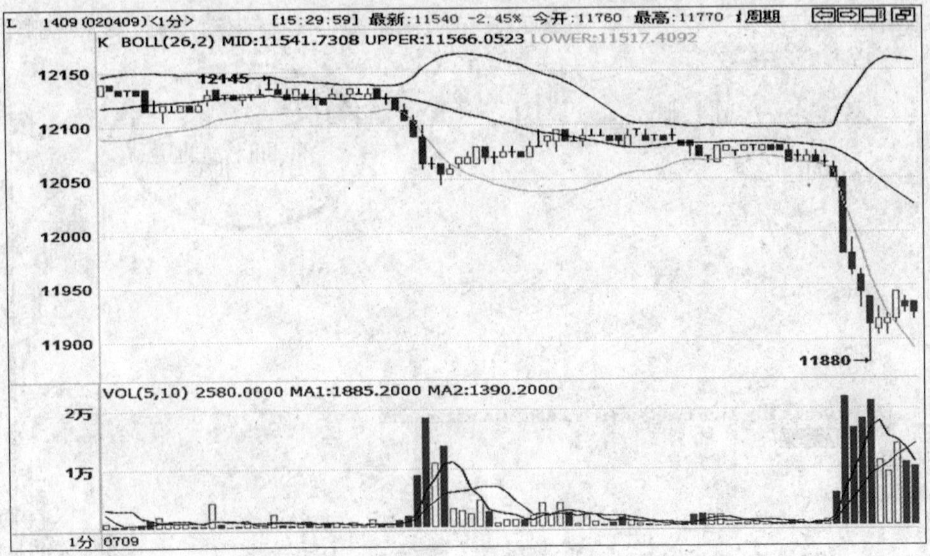

图4-29

L1409合约2014年7月9日一轮放量下跌的出现，使得布林线指标形成了下降的趋势，中轨拐点的到来也就意味着初期下跌的到来。这一轮下跌过后，价格出现了较长时间的反弹，面对这样的走势又该如何制定交易的策略呢？

价格虽然反弹的时间较长，但是，成交量始终保持着萎缩的状态，这说明资金在这一区间没有积极地进行做多的交易。同时，价格反弹的高点受到了布林线指标上轨的压力，价格始终攻不上去，自然也就很容易在无量的情况下继续下跌。

在首次反弹区间，可于价格受到布林线上轨的区间入场做空，这是最常见的一种交易手段。抑或者也可以在价格反弹，KD 指标形成高数值时入场做空。首次反弹的操作主要思路就是，逢高做空，KD 指标高数值是一个高，价格反弹至压力位也是一个高，如果二者可以重合在一个点，那这个点就是最适合做空点位。

请看图 4-30，焦煤 1501 合约 2014 年 7 月 18 日走势图。

图 4-30

焦煤 1501 合约 2014 年 7 月 18 日价格震荡之后的缓慢下跌带动着布林线指标中轨由上升趋势转为下降趋势，初期下跌性质的确立，也就意味着交易机会的到来，此时投资者可以重点关注首次反弹的走势，将寻找合适的机会入场做空。

首次反弹出现的时候，成交量明显萎缩，并且反弹的高点受到了布林线上轨的压力，中轨向下指明了交易的方向，压力作用的形成，使得价格上行的难度加大，面对这样的走势，顺势进行做空才会更容易实现盈利。

初期下跌区间，下跌的作用是使得整体下降趋势变得更加稳固，反弹是进一步判断多空的力度，如果空方强大，那么，反弹自然向上的力度弱，价格也就容易在后期继续下跌。所以，首次反弹就是初期下跌区间操作的重点区间，只要价格触碰到了压力位，或是 KD 指标达到了高数值的状况，在缩量反弹的情况下，都可以入场进行操作。只要首次反弹没有回到初期下跌的起点位置，价格继续下跌的概率将会是极大的。

第十一节　中期下跌交易策略

从连续交易的角度来讲，在下降趋势形成的情况下，首次反弹已经完成了开仓的操作，中期下跌需要进行的操作是持仓。当然，并不是所有的投资者都有可能在首次反弹时进行开仓，所以，中期下跌走势相应的操作策略还是有必要熟练掌握的。

中期下跌交易的重点是放在价格结束首次反弹与进入中期下跌的那个点，也就是价格向下突破首次反弹低点的位置，一旦越过这个低点，便可以积极地入场进行操作。此时的破位点一则意味着首次反弹的彻底结束；二则意味着价格将会进入到主要的下跌区间——中期下跌阶段，在这一区间内，绝大多数的情况下，价格的跌幅都将会远超过初期下跌阶段的跌幅，是投资者获利的黄金区间。

请看图 4-31，菜油 1501 合约 2014 年 7 月 10 日走势图。

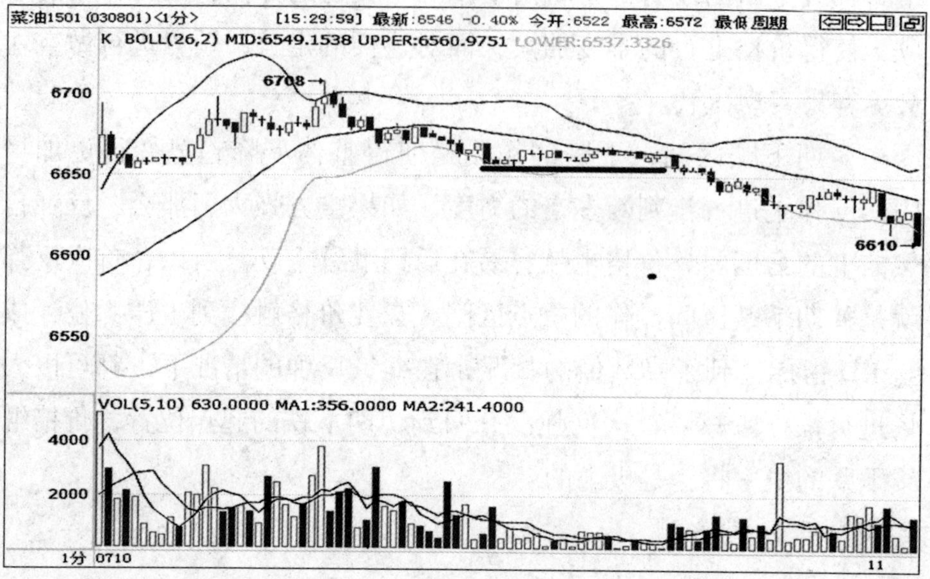

图 4-31

菜油 1501 合约 2014 年 7 月 10 日初期下跌走势结束后，价格无量反弹到布林线中轨的时候，下跌过程中最完美的开仓点形成。一次下跌以及一次反弹，K 线的形态对比出了多空双方的力度，价格自然也就会在空方力度明显强于多方的情况下延续下跌。

一根温和带量阴线的出现使得价格由初期下跌性质，进入了中期下跌性质，价格将会延续之前的下跌趋势继续向下。由于初期下跌的低点是事先存在的，所以，只要盯好这个价格就可以，只要跌破这个价格，便可以入场进行操作，享受价格进入中期下跌时带来的获利快感。

在具体操作的时候，既可以破位点的具体价格进行操作，也可以向下下浮一个单位进行交易。例如菜油 1501 合约破位点为 6656 元，此时，可以 6656 元入场做空，也可以 6654 元入场做空，这是两个最合适的开仓价格，当然，如果错过了这两个价格，也可以相近的价格开仓，但不能相距过大。

请看图 4–32，L1409 合约 2014 年 7 月 9 日走势图。

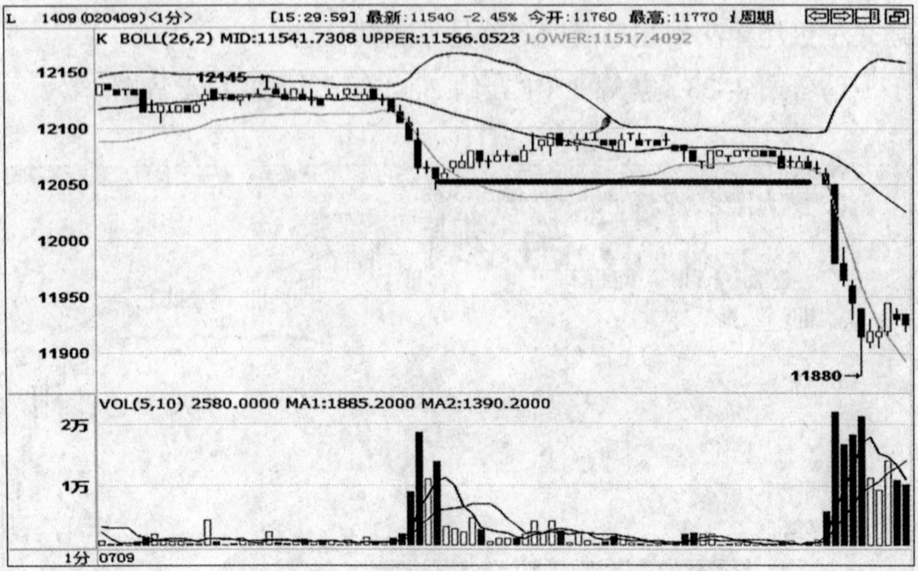

图 4–32

L1409 合约 2014 年 7 月 9 日价格触及中轨压力以后，便出现了进一步的下跌，中期下跌的幅度远超过了初期下跌区间的跌幅，除了价格波动性质本身的原因以外，在中期下跌区间，成交量的进一步放大是导致价格跌幅加大的主要原因之一。

在价格无量反弹的时候，是无法得知具体什么时候会形成破位进入中期下跌的，此时所要做的就是盯好破位点，等待价格给出的机会，如果价格位于破位点则需要耐心的等待，只要价格没有进入中期下跌阶段，更加凌厉地下跌走势便不会出现，只有跌穿那个点，才会暴发又一轮的下跌走势。

从本案例的走势来看，价格破位只留给了投资者一分钟的决策时间，第二分钟便收出了一根大实体的阴线，想在这根大阴线的位置顺利开仓是有些难度的，因此，大阴线之前的那根小阴线必须要完成交易。由此也可以看到，有时价格进入到中期下跌阶段时，下跌的速度并不见得太快，但有时却会以很快的速度下跌，至于是慢还是快仍然无法预知，能做的就是见点就开仓。

请看图 4-33，焦煤 1501 合约 2014 年 7 月 18 日走势图。

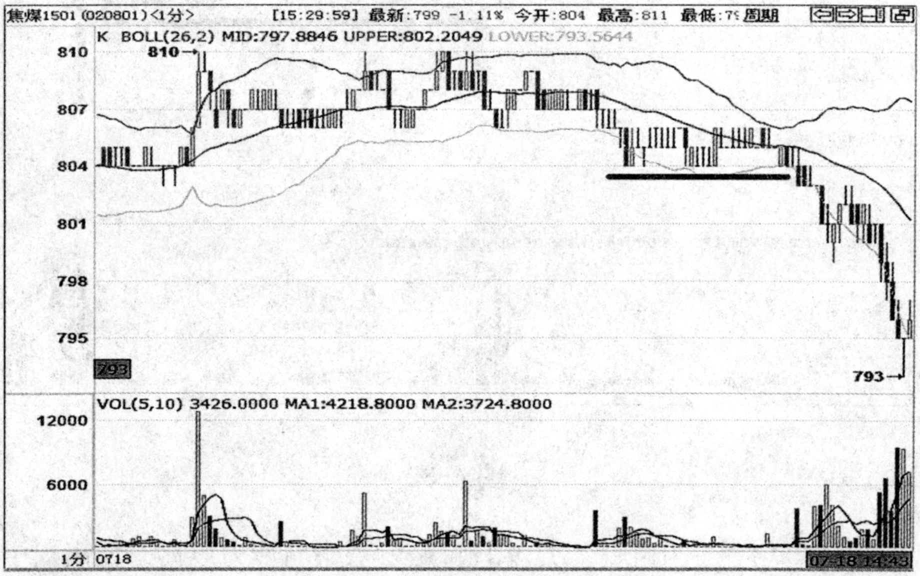

图 4-33

焦煤 1501 合约 2014 年 7 月 18 日价格的波动虽然比较呆滞，但也算得上是类似波动较为经典的走势，并非所有品种的分时线形态都会始络保持着顺滑的状态，针对这些波动呆滞的走势也必须要总结其波动的规律变化。有效的方法放之四海皆准，不管是波动顺滑的品种，还是波动呆滞一些的品种，价格波动性质的判断方法都是同样适用的。

首次反弹高点触及布林线指标上轨受到压力以后，力度开始加大的下跌走势随之出现，起点在哪里？就在价格跌破了首次下跌的低点处。一旦价格跌破这个位置便意味着其波动进入了中期下跌阶段，而这一阶段最容易出现的走势便是放量连续的下跌，因此，有了量能的支持，价格的下跌幅度加大也就是情理之中的事情了。

中期下跌往往容易延续，如果形成延续性的走势又该如何？此时依然可以使用布林线中轨或是上轨的压力来决策交易点位，只要达到压力位，只要成交量萎缩，只要没有出现末期下跌的迹象，价格反弹到压力点就是开仓点。

在价格当天形成下降趋势的时候，中期下跌阶段往往是最容易获利的区间，错过了这一区间，除非当天的资金做空态度非常坚决，否则，后期往往很难再出现像中期下跌区间这样大的跌幅。

第十二节　末期下跌交易策略

即使再不愿意面对这个现实，末期下跌也还是会如期而至，但价格的波动不可能永远地跌下去，上涨与下跌总会交替进行，空头跑了那么远，也该累了，这个时候，多方趁反击也是再正确不过的事情。

经过了首次反弹区间的开仓，再经过下跌中期起点的开仓（或是加仓），到了末期下跌区间，已实现了盈利，并且这个盈利的幅度完全可以满足任何进行日内投机投资者的“胃口”。因此，一旦价格的波动具备了末期下跌性质，投资者的交易策略也只有一个了，即择机平仓出局。

末期下跌与末期上涨一样，只是针对当前完整的波动性质而言，而并非针对全局，有的走势进入到末期下跌之后，价格便完全逆转，但也有些走势进入末期下跌之后，价格略做震荡，便再度下跌。既然后面的走势是未知的，也就没必要去预测什么，一切跟着技术走，技术性的提示当前是末期下跌状态，那就先平仓，后期涨了再按做多的技术决策交易点位，后期跌了，再重新寻找机会进行做空便可以了。

请看图 4-34，橡胶 1409 合约 2014 年 7 月 4 日走势图。

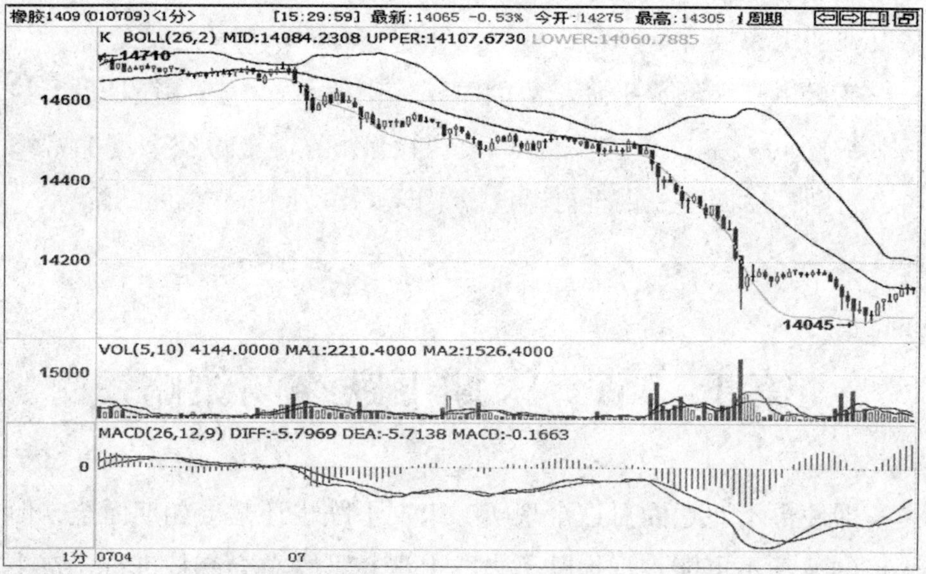

图 4-34

橡胶 1409 合约 2014 年 7 月 4 日价格经过一轮快速地放量下跌之后，再度创下了新低，但是，MACD 指标却在价格创新低时，形成了低点抬高的走势，同时，在价格创新低时，量能的配合状况与价格快速下跌时的相比有所欠缺。从这些技术点来看，价格就算会继续下跌，也应当在一番震荡之后才会出现，所以，底背离区间手中的空单应当先撤出来，而后择机再入场继续交易。

连续下跌之后，价格进入到末期下跌区间时，量能也是需要留意一下的，因为量能的变化是价格波动的动力所在。如果价格创下新低，但成交量却相应减小，这就说明资金在这个点位做空的积极性有所降低。资金不再积极做空，指标又有了背离的迹象，那么，价格就很容易出现反弹。

末期下跌只是这一轮下跌波动的终点区间，但并不是全局的波动低点，进入末期下跌区间后，价格有可能逆转，也有可能震荡一下之后继续下跌，其后期波动充满了不确定性，这是在该区间出局的主要原因。

请看图 4-35，胶板 1409 合约 2014 年 5 月 19 日走势图。

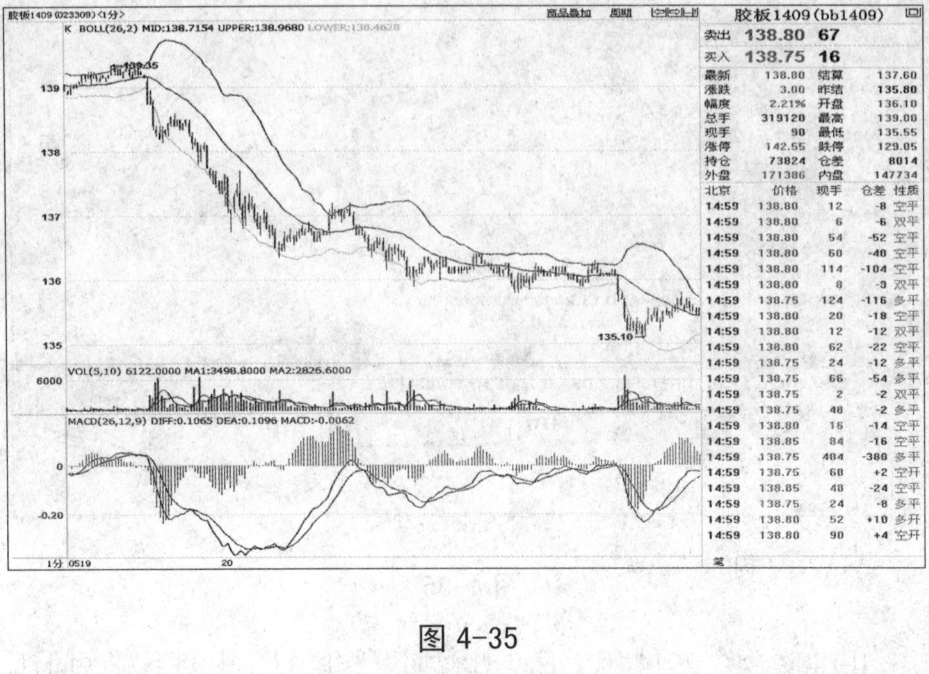

图 4-35

胶板 1409 合约 2014 年 5 月 19 日的初期下跌就非常凌厉，成交量放得非常大，随后的首次反弹量价形态也非常完美，开局便走得非常不错，价格连续下跌也就在情理之中了。

经过连续震荡下跌之后，价格再次创下新低的时候，成交量出现了萎缩，资金在这个区间做空的积极性暂时降低。同时，在价格创新低的时候，MACD 指标已不再追随价格创新低，形成了底背离迹象，指标的这种形态意味着末期下跌阶段的到来。

一旦价格波动有了末期下跌的性质，投资者此时要做的就是将手中的空单平仓出局。虽然价格后期有可能出现反弹，但此时的交易策略是绝对不可以入场做多的。如果价格真要逆转向上，也必然会形成初期上涨与中期上涨的波动形态，那时介入岂不更安全？

请看图 4-36，IF1409 合约 2014 年 7 月 9 日走势图。

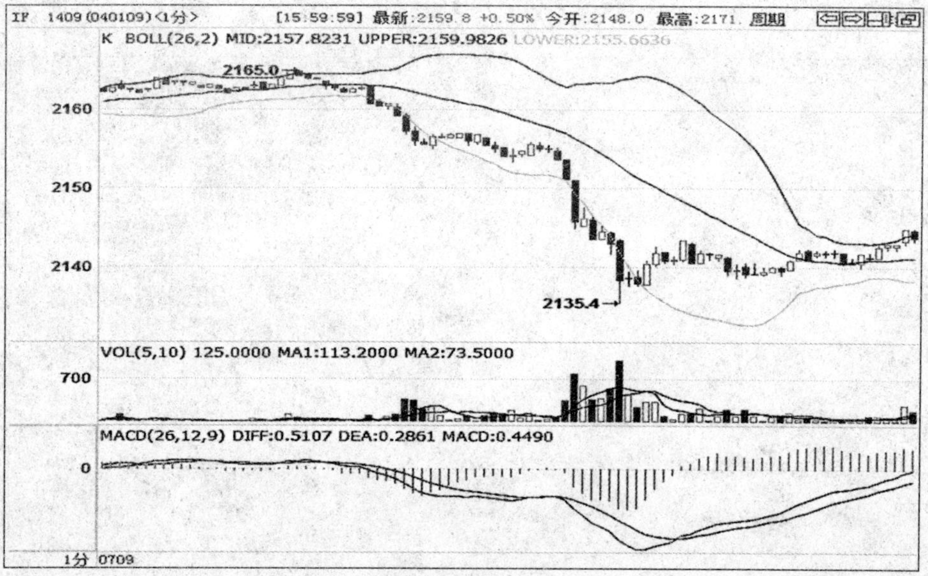

图 4-36

IF1409 合约 2014 年 7 月 9 日初期下跌区间、中期下跌区间都非常容易判断，但是，价格下跌到了低点以后，MACD 指标却没有形成底背离的迹象，而是随着价格的反弹直接形成了多头排列。没有 MACD 指标底背离现象出现，末期下跌又该如何判断呢？

如果价格末期下跌阶段有底背离现象出现，如何操作是非常简单的，但是，如果没有出现底背离，就需要换一种思路来考虑问题了。价格保持下降趋势，则可以继续持仓，K线一直位于布林线指标中轨下方也可以继续持仓。那么，一旦价格向上突破布林线中轨，或是布林线中轨由下降趋势转变成为上升趋势，抑或布林线指标上轨已无法压制价格的上行，这是不是就是价格难以下跌的信号？既然价格难以下跌，又为何要继续持有空单？

所以，当价格进入到末期下跌阶段，但是并没有MACD指标底背离迹象时，可以用这样的方法来平仓空单：首先，布林线指标上轨压力不保，价格向上突破布林线上轨时出局；其次，布林线指标中轨由下降趋势转为上升趋势时出局。用这样的方法来确定末期下跌的结束实战中效果也是比较理想的，只不过空单的出局点位要高一些，因为无论是价格向上突破上轨，还是中轨由下转上，价格已经有了一定幅度的反弹，利润必然会回吐一些，因此，该方法作为MACD底背离判断末期下跌的一种替补方法比较适合。

价格波动性质的判断虽然与实战交易没有直接的关系，但是，判断价格波动性质和制定固定的交易策略却可以简化实战交易时的分析流程，形成什么样的形态用什么样的方法去寻找介入点，这些都明确了，该怎样去操作岂不就变得更加容易了吗？

第五章　交易方向的确定

交易方向的确定是操作中最重要的问题之一，如果交易的方向搞错了，就算开仓点比较完美，做在了最高点或最低点上，除了极短周期的交易以外，往往也很难实现盈利。但是，如果交易方向判断对了，介入点哪怕不是太理想，因为顺应了价格的波动方向，也很容易实现盈利，且风险并不是很大。

因此，在操作之前，投资者要做的第一步并不是寻找介入点位或采取某些方法进行操作，而是一定要先确定交易的方向，然后再根据价格的波动形态确定入场的点位。

交易的顺序应当是这样：判断盘面多空状态→确定目标品种→确定交易方向→采用具体的交易方法开仓→止盈或止损策略→出局。这些环节是一个都不能出现问题的，出现问题就容易引来麻烦。

本章就为各位朋友讲解一下在进行日内交易时如何确定交易方向。

第一节　均价线确定交易方向

均价线是价格波动时的多空分水岭，同时它也是当天盘中变动的结算价，由于它直接反映了资金的平均交易成本，所以，将会对价格的波动产生强大的支撑与压力作用，而我们则可以利用这些支撑与压力来做判断价格此时波动的性质。

当分时线位于均价线上方时，不管价格是上涨，还是暂时的下跌，抑或是震荡调整，都将其视为是多头状态，此时，要保持的操作思路为：只关注做多的机会，而不去理会有可能出现的做空的机会，将价格的调整都视为是低点，去寻找逢低做多的机会，当然，这个逢低做多也是需要一些技术特征才可以做，如果不符合技术特征也就要放弃。

当分时线在均价线下方时，不管价格是上涨，还是暂时的反弹上涨，或是各种震荡形态，都将其视为是空头状态，此时，要保持的操作思路为：只关注做空的机会，而不去理会有可能出现的做多机会，将价格的反弹都视为是高点，去寻找逢高做空的机会，当然，这个逢高做空也是需要一些技术特征才可以做，如果不符合技术特征也就要放弃。

这样一来交易的方法也就很容易确定了，即分时线在均价线上方，我们只做多不做空，至于是逢突破做多，还是逢低做多，看具体量价形态；分时线在均价线下方，我们只做空不做多，至于是创新低时追空，还是逢高做空，结合具体形态来确定。

方向有了，至于怎么具体去做，这就属于是细节战术问题了，有了战略，战术也就好制定了。

请看图 5-1，橡胶 1409 合约 2014 年 6 月 13 日走势图。

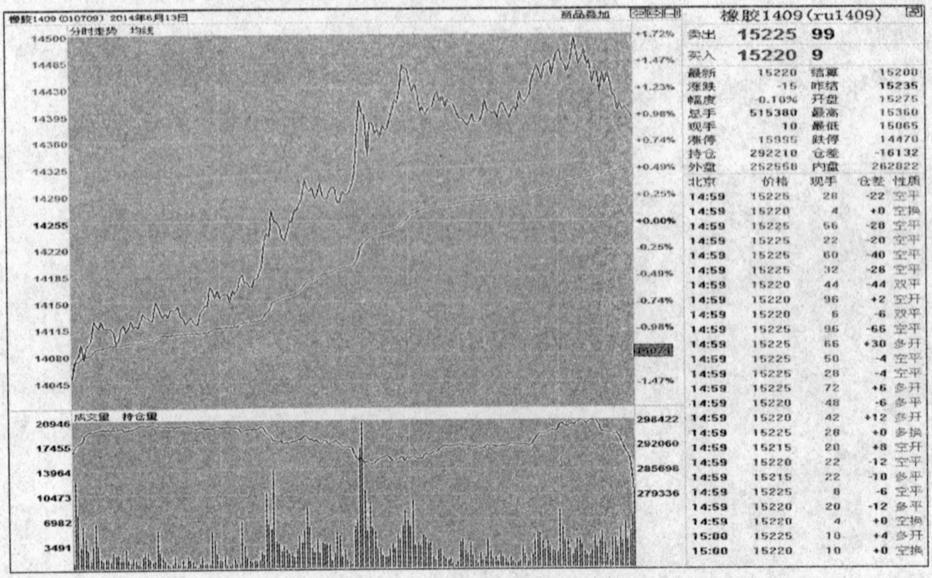

图 5-1

橡胶 1409 合约 2014 年 6 月 13 日价格虽然出现低开，但却出现了连续上涨的走势，由此可见，低点并不能一味地看空，必须要结合价格的具体波动形态来确定交易的方向。

既然低开并不能作为交易方向的主要依据，那么，就必须要结合着均价线来决策了。从当天的整体走势来看，分时线无论价格如何波动都始终位于均价线上方。早盘期间就算价格波动趋势还并不太稳定，但其调整低点依然受到了均价线强大的支撑。

从这一天的走势来看，投资者如果进行做空交易，获利是非常难的，但是，如果依据分时线在均价线上方只考虑做多的思路进行交易，操作的方向也就很难搞错了。

请看图 5-2，橡胶 1409 合约 2014 年 4 月 8 日走势图。

橡胶 1409 合约 2014 年 4 月 8 日开盘之后价格快速窜高，而后在盘中出现了多次震荡的走势，这样整体的波动形态使得操作难度加大。化解交易难度的方法有两个，一个就是有正确交易方向上的判断；另一个就是在方向确定的情况下使用技术细节把握介入点位。所以，想要操作，方向的确定是排在第一位的。

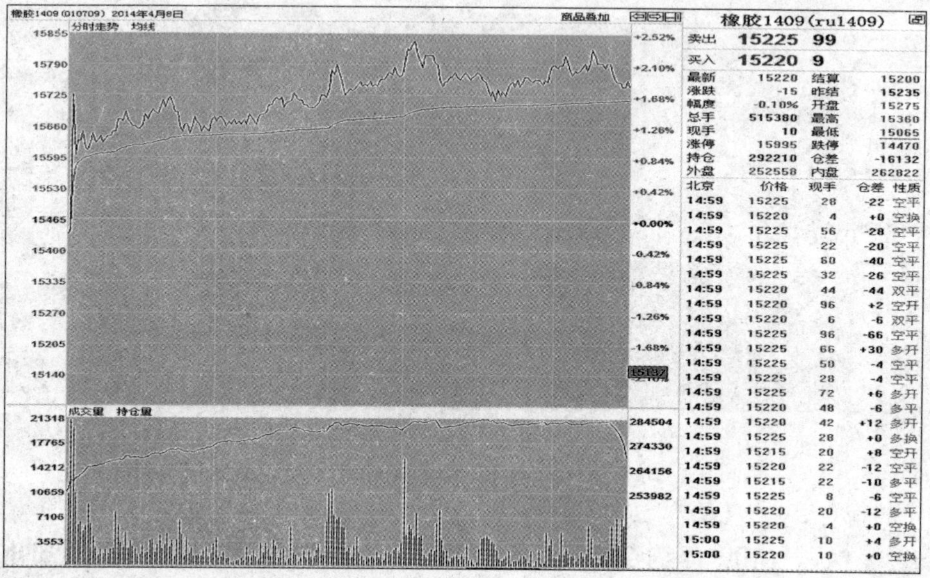

图 5-2

从这一整体的走势来看，分时线虽然震荡较多，但是，无论价格如何波动，都始终位于均价线的上方，其间价格二次回落的低点均在均价线附近时停止了下跌，受到支撑后再度恢复了上涨的走势，由此可见，分时线在均价线上方时，价格容易形成上涨容易下跌较难的走势。

均价线因为反映了资金的平均交易成本，所以，必然会产生强大的支撑作用，因此，投资者便可以依据均价线的支撑作用而顺势进行做多，只要均价线不被向下跌破，任凭价格如何波动，投资者都要树立只做多不做空的思路，这样方可确保交易上没有什么大的隐患。

请看图 5-3，橡胶 1409 合约 2014 年 3 月 17 日走势图。

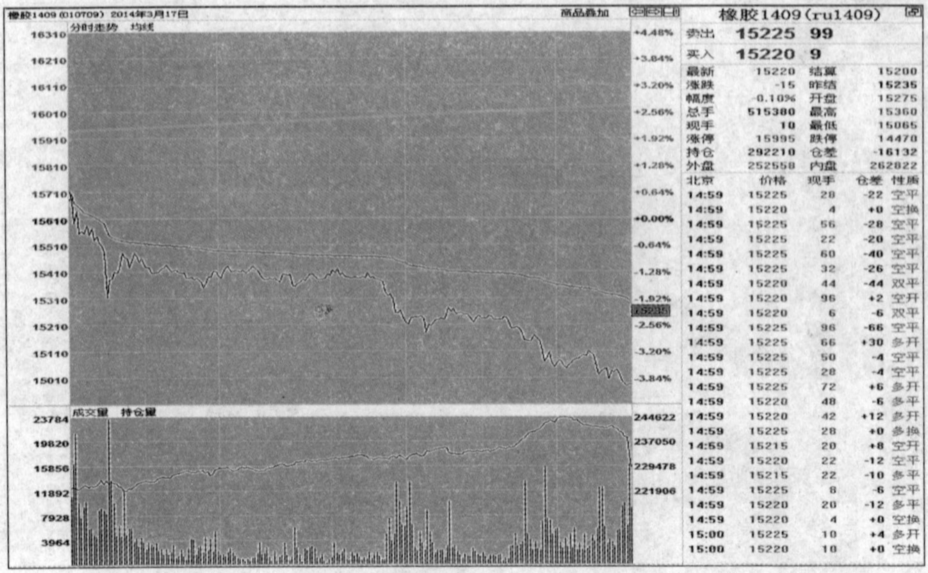

图 5-3

橡胶 1409 合约 2014 年 3 月 17 日价格高开后快速回落，而后在这一整天的时间里，分时线始终保持着弱势波动的态度，并且随着时间的推移低点一次比一次低。在这一天如果进行做空操作将会大赚特赚，但如果有任何做多的行为，最终都将会以止损出局。

价格的波动为何会如此弱势呢？从技术上来讲，主要的一个原因就是量价配合非常完好，每一次下跌都会出现放量，资金积极入场做空，而每一次反弹出现时量能都没有放大的迹象，这说明资金做空态度积极，而没有任何做多的念头。除了完美的量价关系以外，分时线始终保持在均价线下方也是价格连续下跌的一大主因。

分时线在均价线上方，将会形成易涨难跌的走势；同样，分时线在均价线下方，则会形成易跌难涨的走势，价格易跌难涨，交易的方向又该如何确定呢？

请看图 5-4，橡胶 1409 合约 2014 年 4 月 18 日走势图。

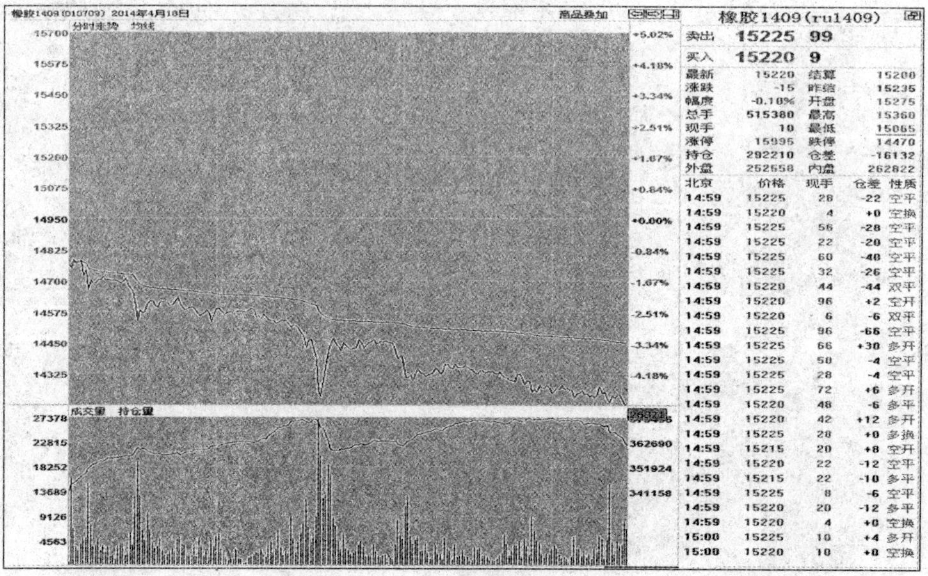

图 5-4

橡胶 1409 合约 2014 年 4 月 18 日价格同样形成了连续下跌的走势，并且当天以最低点收盘，仅从收盘的角度来讲，这一天的走势如果做多，是很难赚到钱的。

就算是盘中出现过一波快速的反弹，但这波反弹又有谁能买到最低点呢？初期反弹时肯定不会做，而后快速向上追上了算运气，但还得降低收益预期，否则后期的波动将会一点点吞噬多单并且带来亏损。从交易难度上讲，图中的反弹其实是很难做的，主要原因就是介入点无法提前判断，而且上涨速度过快。但如果进行做空操作，却可以非常从容的，不仅早盘有很多次做空的机会，就是下午也有非常明显的做空信号。

从本案例走势来看，分时线在均价线下方时，一定要顺之做空，不仅是因为价格易跌难涨，更重要的是做空技术难度很小，而做多技术难度却非常大，与其逞能去捉反弹，倒不如轻轻松松地顺从分时线与均价线的关系而顺势做空。

请看图 5–5，螺纹 1410 合约 2014 年 4 月 14 日走势图。

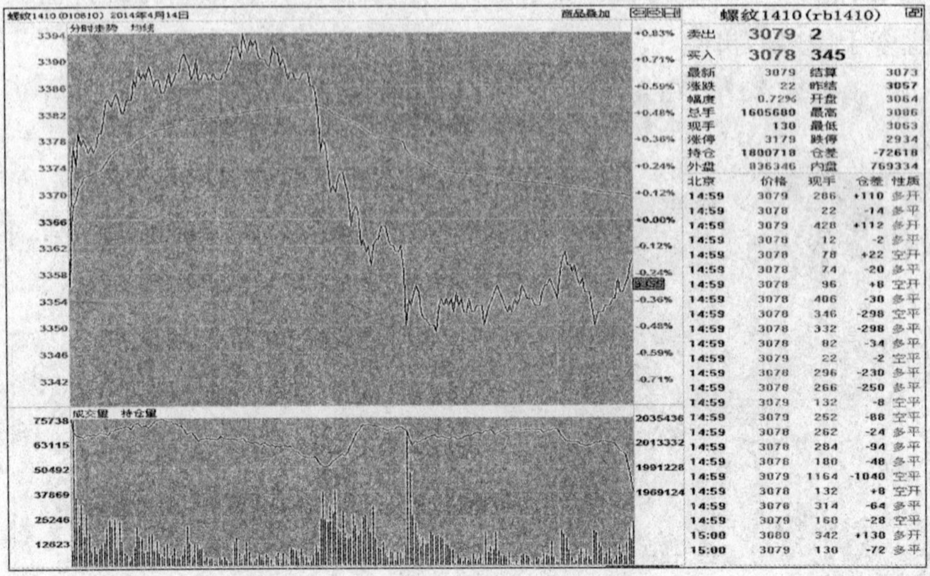

图 5–5

螺纹 1410 合约 2014 年 4 月 14 日开盘之后价格出现了震荡上涨的走势，从这一阶段的走势来看，做多实现盈利的概率远大于做空，就算连续几次上冲后，形成了无量创新高的迹象，投资者也不应有做空的想法，因为分时线挺立在均价线的上方。

经过一个多小时的上涨以后，价格出现了回落，并最终跌破了均价线，这一区间对于多单来说是造成亏损的阶段，这也就是之前说的，分时线在均价线上方时做多不会出大问题，但小问题指的就是如此的走势。虽然说价格在均价线上方回落的幅度也并不算小，但只要坚持破位创新低就止损多单的原则，亏损完全可以在承受范围以内。

分时线在均价线上方只考虑做多不考虑做空，那么，当分时线由上向下跌破均价线的时候，操作的思路也必须要随之转变：由之前只做多不做空转变成为只做空不做多。在分时线多空状态发生转变之后，做空的难度远远低于了做多的难度，并且做空的机会也远远多于做多的机会。

请看图 5-6，焦炭 1409 合约 2014 年 6 月 5 日走势图。

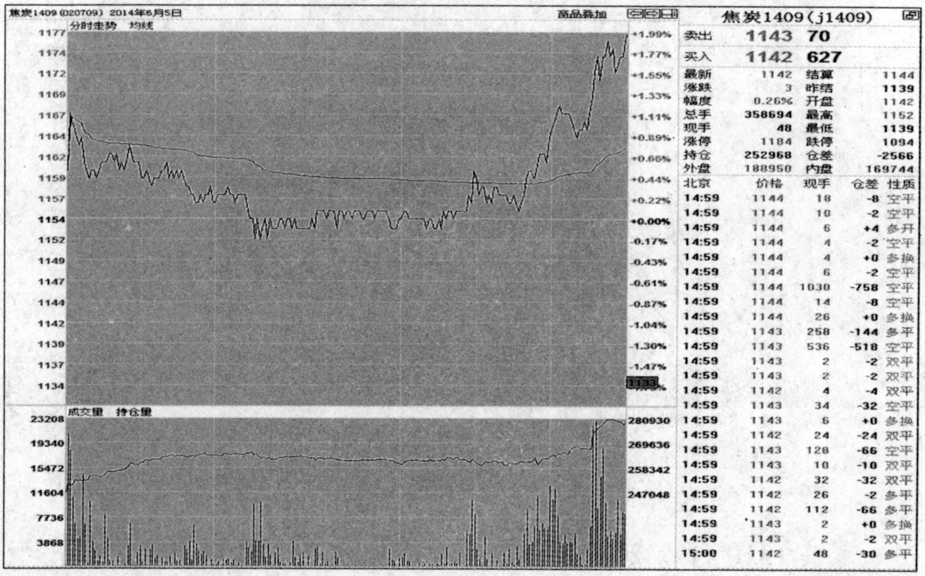

图 5-6

焦炭 1409 合约 2014 年 6 月 5 日开盘之后，分时线位于均价线下方，价格随之出现了震荡下跌的走势，这一区间利用分时线与均价线的关系确定交易方向非常容易，交易方向确定了，至于用什么细节技术去操作，那就是再简单不过的事了。

到了下午的时候，分时线向上突破了均价线的压力，而后价格也出现了连续上涨的走势，这一区间投资者进行做多操作才会很轻松地实现盈利。上午做空赚钱容易，而下午则做多赚钱容易，其中的区别就在于分时线与均价线的关系。

在分时线位于均价线下方向均价线靠近的区间，这是空单的风险，但这种风险完全可以通过设置合理的止损位来减少风险。而就算是在这一区间出现了亏损，只要后期的波动的方向判断正确，并采取正确的交易手法，完全可以轻轻松松地赚回这一多空过渡区间的亏损并实现盈利。

通过以上案例来看，分时线始终在均价线上方，保持做多思路，分时线始终位于均价线下方，则保持做空思路，这样一来，能引起风险的也只是多空过渡区间的走势，这属于是小问题，大问题大方向不出错，小问题也就不是什么问题了。

第二节　布林线确定交易方向

布林线指标是笔者日常操作时必然参考的一款指标。技术指标犹如拐杖，有它可以走得更稳，没有它依靠自己的“双腿”自然也可以走稳。“双腿”是指什么？那就是量价的各种形态。

布林线指标笔者之所以日常操作必然参考，就是因为这一个指标同时可以实现：涨跌趋势方向的判断、支撑与压力的判断、强势涨跌的判断等 10 种功能，这是其他指标所无法具备的。

由于布林线指标属于是趋势类指标，对价格的波动有很稳定的跟踪作用，因此，可以将 K 线的波动形态与之相结合，从而确定当前价格波动的方向。使用布林线指标判断交易的方向，主要是查看布林线指标中轨的方向，次要的是查看 K 线与中轨的位置关系。

基本的使用原则是：布林线指标中轨向上，K 线位于中轨上方时，坚定做多；中轨向下，K 线位于中轨下方时，坚定做多。

请看图 5-7，橡胶 1501 合约 2014 年 6 月 13 日走势图。

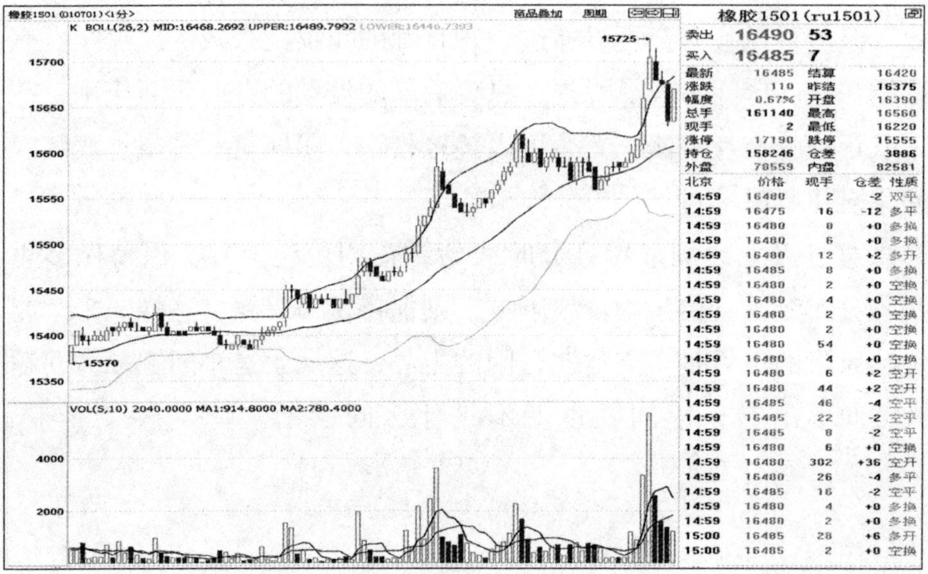

图 5-7

橡胶 1501 合约 2014 年 6 月 13 日价格出现了连续上涨的形态，在上涨的过程中阳线带放量，说明资金做多积极；而阴线则缩量，说明空方力度较弱，完美的量价配合形态是价格连续上涨的基础。

从 1 分钟 K 线形态来看，在价格上涨的过程中，无论是阴线还是阳线，均位于布林线指标中轨上方，中轨的支撑效果非常有效。虽然价格在上涨的过程中先后出现了 4 次调整的走势，但是，这些调整根本没有改变布林线指标中轨的运行方向，中轨向上，K 线又位于中轨上方，有什么理由不去积极地进行做多操作？

中轨向上的情况下，K 线在其上方难免会有调整，这些调整虽然会对多单造成影响，但是，相比大的上升趋势而言，这样的风险又能有多大呢？

请看图 5-8，PP1409 合约 2014 年 6 月 10 日走势图。

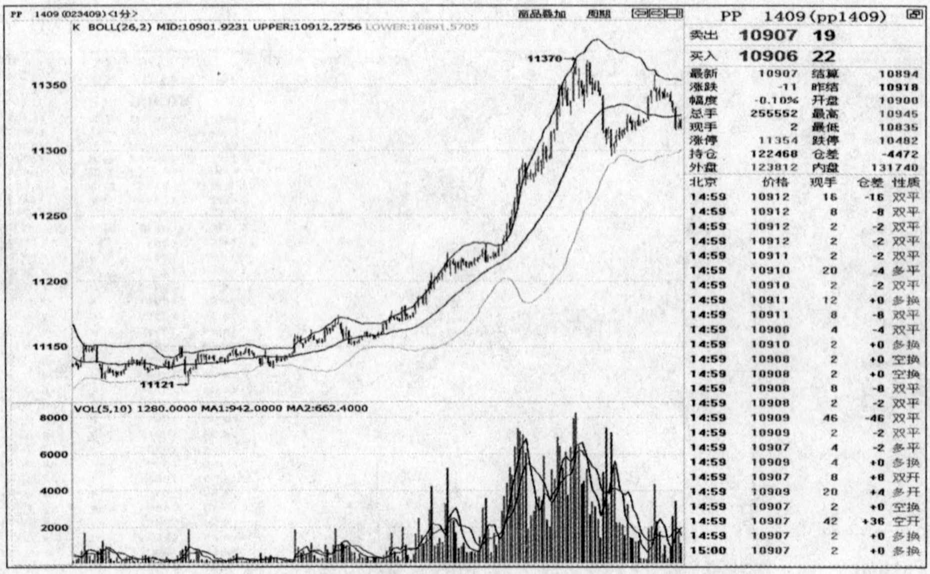

图 5-8

PP1409 合约 2014 年 6 月 10 日出现了大幅上涨的走势，为什么价格会涨得如此迅猛？就是因为“双腿”有力：阳线不断的收出，成交量不断地放大。这也就是本节开篇说的，双腿可以走得很好，结合指标则可以走得更稳。

价格的大幅上涨可不是突然就出现的，而是有一个过程的，先是缓慢的上涨，而后才开始不断地加大上涨的力度。想要把握住价格更大的获利空间，就需要了解初期震荡上涨时的技术特征有哪些。

在初期上涨的阶段，中轨虽然开始上升，但是 K 线却围绕着中轨上下震荡，中轨的上升趋势意味着做多机会的到来，但 K 线的上下震荡则显示上攻力度不强。而后在 K 线始终位于中轨上方的时候，加速上涨也就从此开始了。掌握了这些波动特征以后，一旦 K

线开始稳稳地位于中轨上方时，就需要及时地入场进行交易了。

请看图 5-9，PP1409 合约 2014 年 6 月 23 日走势图。

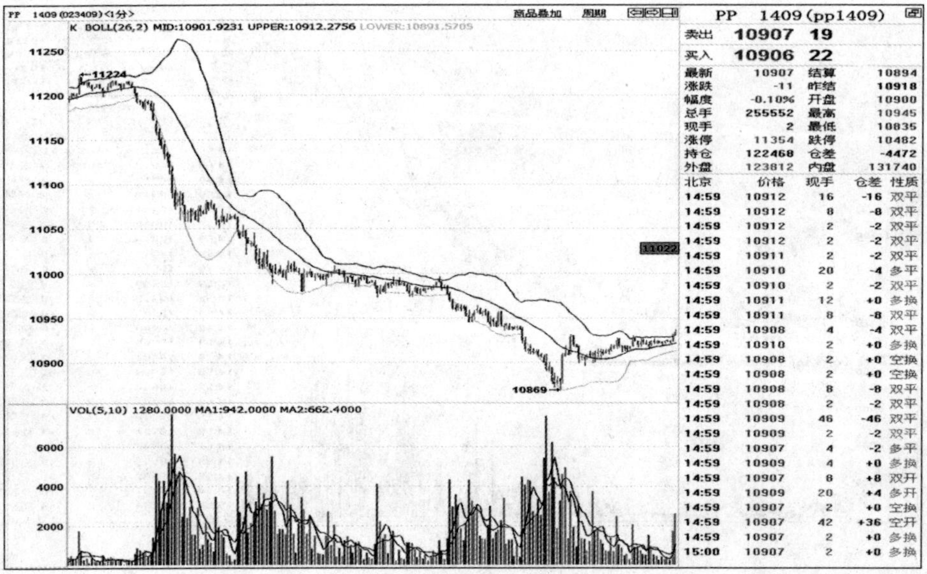

图 5-9

PP1409 合约 2014 年 6 月 23 日价格出现了连续下跌的走势，虽然下降趋势形成，但投资者依然要判断一下这双腿是不是坚实有力。不断放大的阴线量能，明显缩量的阳线量能，再加上 K 线形态连续的弱势，这都说明双腿坚实有力，这种形态岂有做多的道理？

结合布林线指标来看，其间无论价格如何波动，都始终保持着明显的下降趋势，直至跌到了最低点以后，才随着较长时间的反弹而转为上升趋势。布林线指标中轨没有发生方向上的转变时，不能有任何做多的念头，企图抄底只会让资金越抄越少，顺势去做资金才会不断增多。

那么，何为势？布林线指标中轨早已在下跌的初期阶段清清楚楚地告诉了投资者。特别是在中轨向下，并且 1 分钟 K 线同步位于中轨下方的时候，更是做空获利的大好时机。

请看图 5-10，菜粕 1409 合约 2014 年 6 月 17 ~ 18 日走势图。

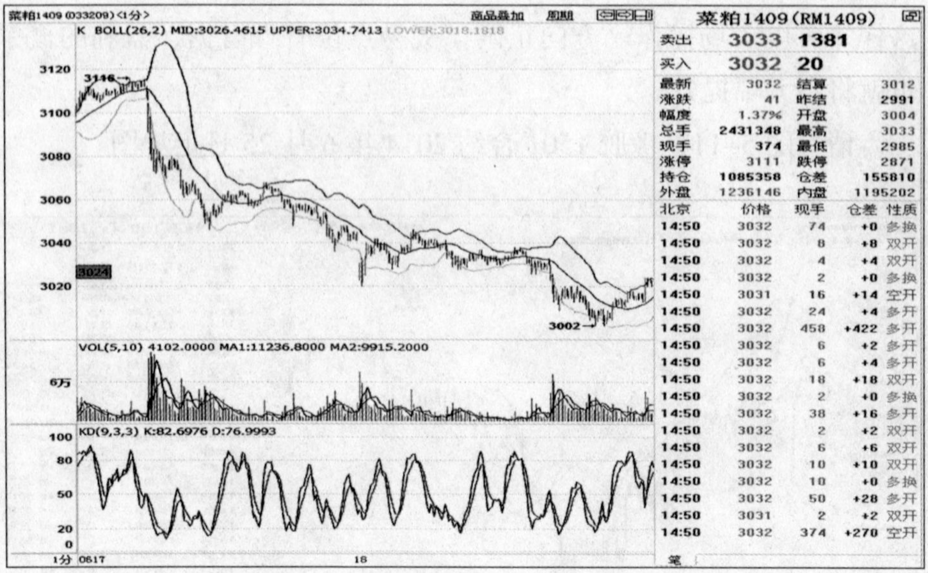

图 5-10

菜粕 1409 合约 2014 年 6 月 17~18 日价格连续保持着空头波动的状态，虽然这二天盘中出现多次反弹的走势，但是，每一次的反弹延续的时间都并不长，并且反弹的高点一触到布林线指标上轨处，便又延续了整体趋势的弱势状态。

从这两天的整体走势来看，做多并不是好的策略，而做空才是比较容易实现盈利的，那么，交易的方向又该如何确定呢？方法其实很简单，只要根据布林线指标中轨的方向来执行交易的方向便可以了。从图中的走势来看，价格下跌的时候，绝大多数的时间布林线指标中轨都保持着下降的态势，只要在中轨向下的区间积极做空，就算是价格的反弹引发中轨暂时的向上，也难以使资金出现亏损。

当然，中轨在保持下降趋势的时候，并不是说可以在任何点位都能做空，中轨向下做空是操作的主要思路，而不是做空的技术细节。首先确定交易方向，而后寻找符合技术条件的开仓点位出现，这样才可以入场操作。方向正确，交易点位有理有据，盈利的概率也就将会大幅提升。

请看图 5-11，橡胶 1501 合约 2014 年 6 月 25 日走势图。

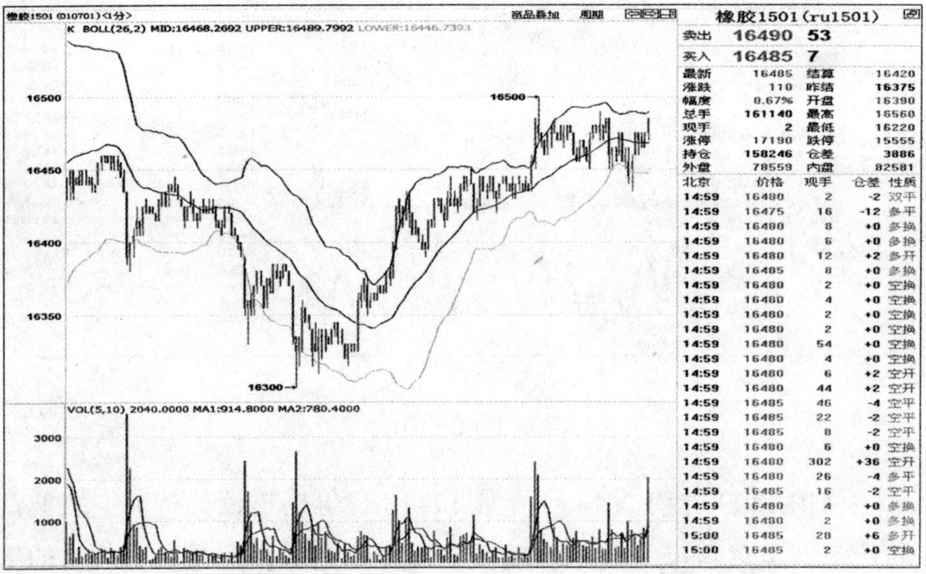

图 5-11

橡胶 1501 合约 2014 年 6 月 25 日价格在图中先是下跌，而后又出现了逆转的走势，价格波动的方向在盘中出现了明显的改变，这也就意味着投资者的操作手法也必须要随之发生变化。

在布林线指标中轨方向向下的时候，投资者应当坚定地进行做空，在价格放量下跌创新低时可以介入，在价格缩量反弹至压力位处也可以介入，但不要有任何做多的想法，而当布林线指标中轨由下降转变成为上升的时候，空单也就不能再留中手中了，同时，要服从中轨的方向进行做多的操作，这个时候，逢低做多以及逢突破做多都可以，只要介入点位有足够的技术理由便可以大胆地入场交易。

价格的趋势逆转并不可怕，唯一的亏损点就在方向转变的时期，就算这个时期可能产生亏损，但只要顺应中轨方向进行操作，这点亏损就根本不算什么了。

请看图 5-12，豆粕 1409 合约 2014 年 6 月 25 日走势图。

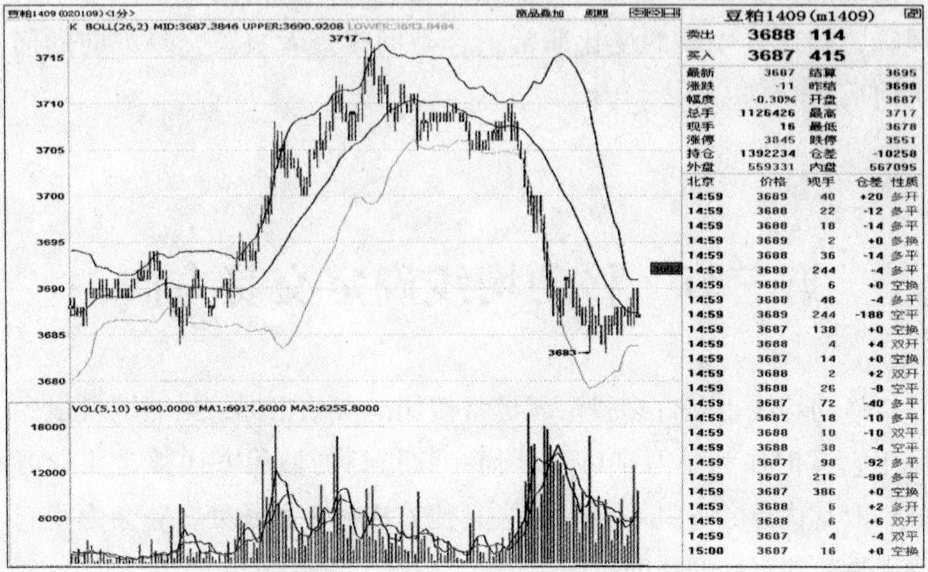

图 5-12

豆粕 1409 合约 2014 年 6 月 25 日价格在盘中出现了上涨之后，又出现了连续下跌的走势，如果价格波动的方向比较单一，操作的难度还是比较好，但是如果趋势的方向发生逆转，许多投资者的交易思路就会滞后，跟不上价格的变化，也就容易出现亏损了。

在价格上涨的过程中，中轨坚挺向上，调整的低点全部位于布林线中轨方向，这一区间，只要介入的细节技术点把握好，便可以轻松地实现盈利。而在布林线指标中轨向下，并且 K 线位于中轨下方的时候顺势进行做空操作，又将会很容易地实现盈利。

价格波动方向的逆转是很平常的，风险点无非就是多空转折的那一个小区域，而这个小区域与价格上涨或是下跌带来的盈利空间相比，简直要小很多。多空转折处的风险小，而趋势形成后的盈利空间大，又有什么理由不顺着布林线中轨的趋势方向进行操作呢？

虽然说布林线中轨的确存在一些滞后性，但是，其对大方向的把握能力给投资者带来的收益，远远大于因为滞后性而带来的风险，因此，中轨的变化非常适合帮助投资者决策交易方向的何去何从。

第三节　移动均线确定交易方向

移动均线也是许多投资者经常使用的一款指标，虽然笔者很少使用它，但作为学习来讲，任何一款指标的使用方法都是要学习的，取其优点，避其不足，融会其他方法的各种长处，总会为我们的交易起到很好的帮助作用。

移动均线属于是趋势类指标，它对价格波动的方向可以很好地进行追踪，再加上它也可以体现成本的概念，因此，对价格的波动也就产生了支撑与压力的作用。任何趋势类指标只要支撑作用可以产生效果，那么，它就可以为投资者提示做多的方向，同样，如果它的压力作用可以持续产生效果，也就会为投资者做空提示方向。

软件中的移动均线多种周期的线体在一起，笔者看着较乱，因此，在进行日内投机交易的时候，所使用的周期为 10 与 20 周期的移动均线。周期过短的、过于敏感，不太适合于操作；而周期过长的又过于滞后，也不太适合操作，10 和 20 周期均线搭配起来使用，既不会过于敏感，也不至于非常滞后。

请看图 5-13，螺纹 1410 合约 2014 年 6 月 24 日走势图。

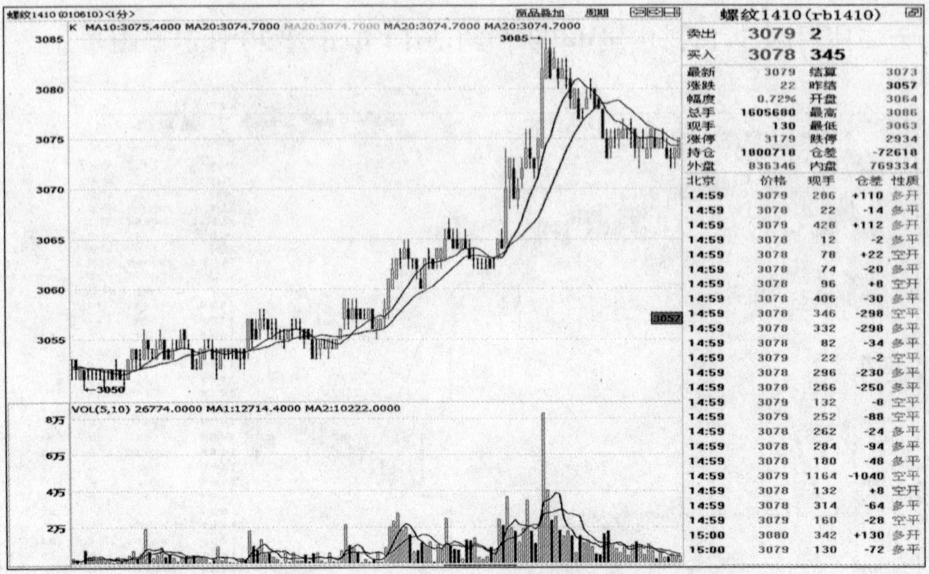

图 5-13

螺纹 1410 合约 2014 年 6 月 24 日价格在盘中出现了一轮上涨的走势，从量价的角度来看，价格上涨的时候成交量出现了放大的迹象，而当调整走势出现时量能也配合相应萎缩，量价完美的配合使得价格的上行有了足够的动力。

在价格不断向上的情况下，移动均线也早已随之形成了上升趋势，从判断大趋势的角度而言，应当更多地关注 20 周期的均线，10 周期移动均线作为辅助。只要 20 周期均线向上，便可以确定大的操作方向是要坚定做多的，而 10 周期均线则可以帮助投资者判断强势波动区间，只要 K 线位于 10 周期均线上方，这一区间就必须要积极做多，低点敢于介入，突破敢于追涨。

从图中的走势来看，只要在两条移动均线保持着多头向上状态的区间进行做多交易，盈利的概率就将会是极大的。虽然这种方法应当算是所有投资者的入场方法，但是，大道至简不正是说的它吗？

请看图 5-14，焦炭 1409 合约 2014 年 6 月 20 日走势图。

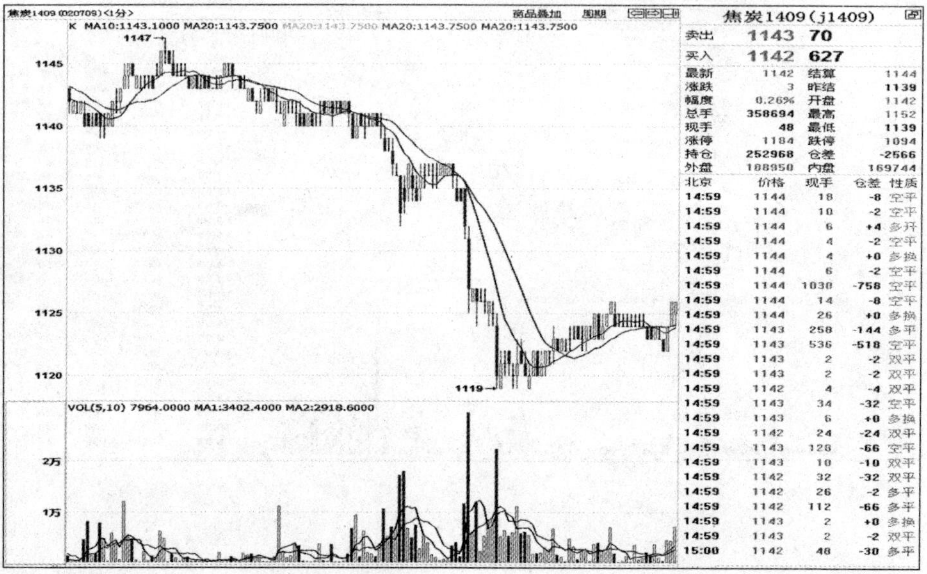

图 5-14

焦炭 1409 合约 2014 年 6 月 20 日价格出现了震荡下跌的走势，自下跌的初期阶段，两条移动均线便形成了空头排列的走势，移动均线方向向下，唯有做空才可以实现盈利。

在初期下跌的过程中，价格震荡较多，这个时候，应当多多参考 20 周期的移动均线，因为它的周期较长，稳定性较好，可以很好地过滤掉小级别波动带来的干扰，不管价格如何震荡，只要 20 周期的移动均线没有发生方向上的改变，空单便可以一直持有（当然，止损位也是必须要设置好的，在止损位之下，20 周期移动均线向下，便可耐心持仓）。

而在价格进入到加速下跌阶段，K线则始终位于10周期移动均线下方，这样的波动形态意味着价格的下跌力度较大，是最容易在短时间内获得较高收益的阶段，10周期方向不变，则不必因为获利较多而过早出局，这个时候市场就是要让你多多的赚钱。

请看图5-15，L1409合约2014年6月18日走势图。

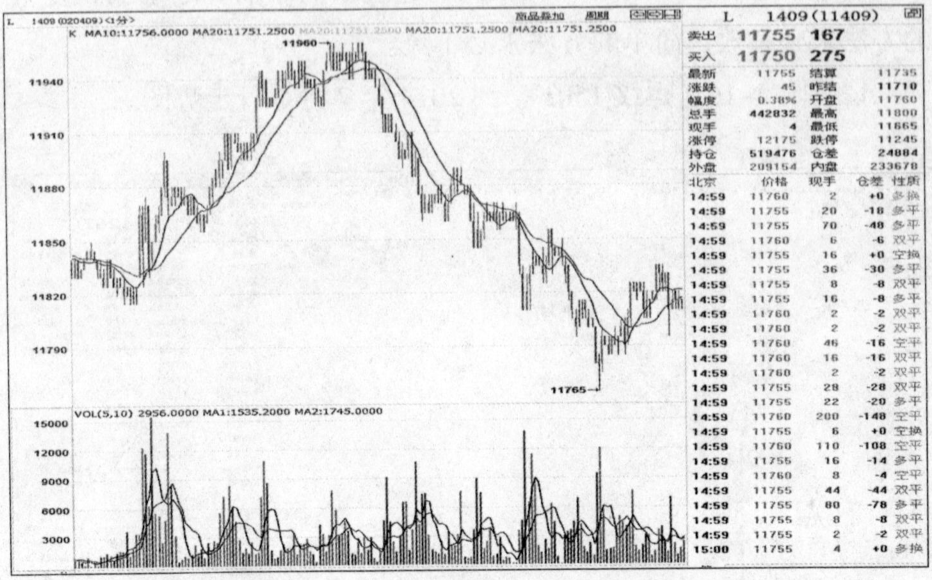

图5-15

L1409合约2014年6月18日价格在盘中出现了方向的逆转走势，开盘后不久价格震荡上行，这使得两条移动均线均同步形成了上升的趋势，虽然上涨过程中出现多次调整，但均没有改变20周期均线的方向，均线方向不变，做多的交易方向也不变。

价格上涨到高点之后出现逆转，放量下跌转头向下，一旦20周期均线方向转变，交易的方向也必须随之发生变化，之前的多单不可再留，而应当顺势做空，利用各种细节技巧寻找下跌过程中合适的开仓点位。下程过程中，出现了好几次反弹的走势，但是，每一次的反弹都没有使得 20 周期移动均线改变其下降的方向，均线方向不变，就无需对反弹走势太过于担心，不能总要求价格跌而一点反弹也没有吧？

均线向上则多，均线向下则空，这就是使用移动均线确定交易方向最简单，并且最直接的方法。使用移动均线确定价格的交易方向说起来简单，但又有多少人又因为它过于简单而弃之不用，复杂的方法未必有效，简单的方法未必不灵。

请看图 5-16，螺纹 1501 合约 2014 年 7 月 2 日走势图。

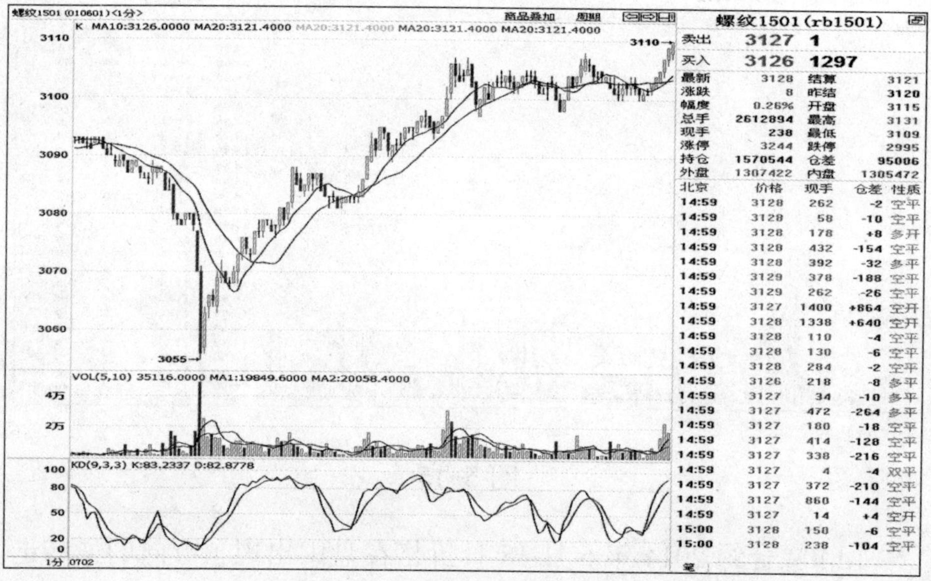

图 5-16

螺纹 1501 合约 2014 年 7 月 2 日价格在盘中出现了一轮杀跌以及逆转上涨的走势。在价格下跌的过程中，移动均线保持向下，K 线位于两条均线下方，这一区间如果反方向做多，后果该是多么严重。有谁下跌时的多单可以一直抗到趋势的逆转？

价格下跌结束后，连续上行，不断收出的阳线使得两条均线随之拐头向上，移动均线一旦拐头向上，便意味着交易的方向此时也该转向了，空单不适合再继续持有，而应当寻找机会介入多单。

价格趋势逆转的速度快速，而移动均线则需要一些时间，这个时间便是风险所在，就本案例来讲，在均线逆转前始终持有空单，成本高的，利润会回吐，成本低的，则会产生亏损。但是，并不能因为存在风险点就完全弃之不用，毕竟做空区间产生的盈利，以及转向后做多方向的提示足以让投资者获得远超过亏损的收益。

当然，由于任何趋势类指标均有滞后的现象，因此，不宜单独使用，搭配着使用不仅可以使交易的方向更加明确，还可以降低趋势转折时所引发的滞后风险。

第四节　首根 K 线确定交易方向

商品期货的价格总会经常出现跳空高开或低开的走势，今天开盘第一根 K 线无法与昨天最后一根 K 线很好地连接，必然会影响指标数值的变化，从而使得指标在最长周期的范围内失真。比如，价格高开或低开后，20 周期的移动均线在 20 分钟之内（针对 1 分钟 K 线）的数值变化都处于失真状态，只有时间超过 20 分钟之后，价格的波动才会回归真实。在指标失真的情况下，如果投资者继续依据指标的形态进行交易，难免就会落入陷阱，因此，必须要找到一种方法，在价格高开或低开之后，在早盘期间确定交易的方向。

解决早盘价格高开或低开确定交易方向的技术其实并不难，我们可以将首根 K 线作为参照，以它来确定早盘的交易方向。这种方法不仅适用于 K 线有断档的情况，就算 K 线连续性很好，也照样适用。

使用首根 K 线进行操作，最为重要的不是这一根 K 线的形态，而是未来几分钟 K 线与首根 K 线的位置关系。

请看图 5-17，橡胶 1409 合约 2014 年 6 月 13 日走势图。

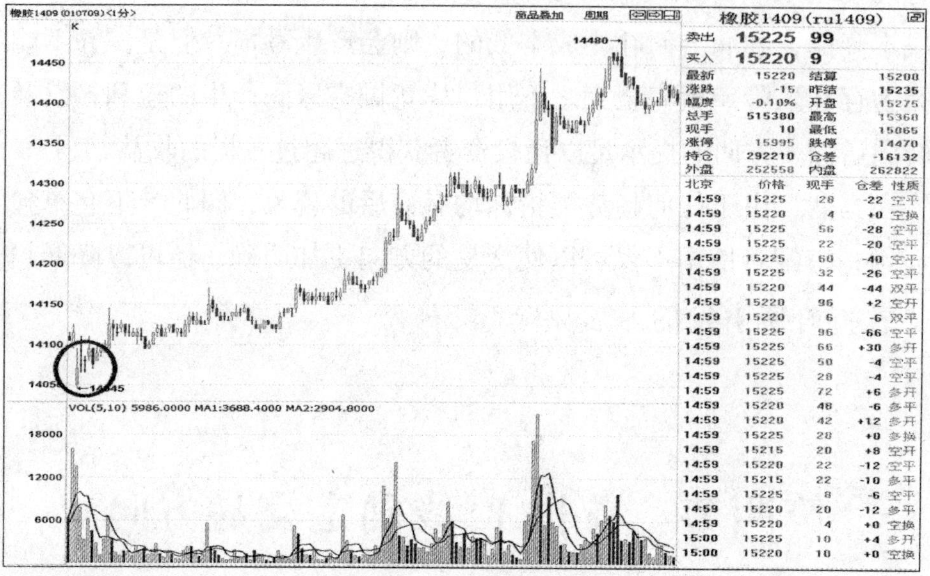

图 5-17

橡胶 1409 合约 2014 年 6 月 13 日价格开盘后出现了连续震荡上涨的走势，价格波动时多头的迹象非常明显。但是由于这一天开盘价格是低开的，难免会影响投资者做多的信心，那么，该如何在早盘期间确定当时的交易方向呢？

上午 9：01 时过后，价格收出了一根阳线，随后几分钟 K 线始终位于首根 K 线收盘价的上方，这种技术形态表明：价格向上继续攻击的概率是很大的。无论什么位置的上涨行情都是这样，随便取一根 K 线作为参照物，只要价格要继续上行，其后期的 K 线必然会位于这一根阳线的上方波动，而一旦跌破这根阳线，上涨行情便很难延续。

因此，一旦早盘期间发现未来几分钟的K线均位于首根K线上方时，投资者就要在此时做好做多的准备，至于价格是高开还是低开，并不需要关心，更不要让它们成为干扰的因素。

请看图5-18，L1501合约2014年6月27日走势图。

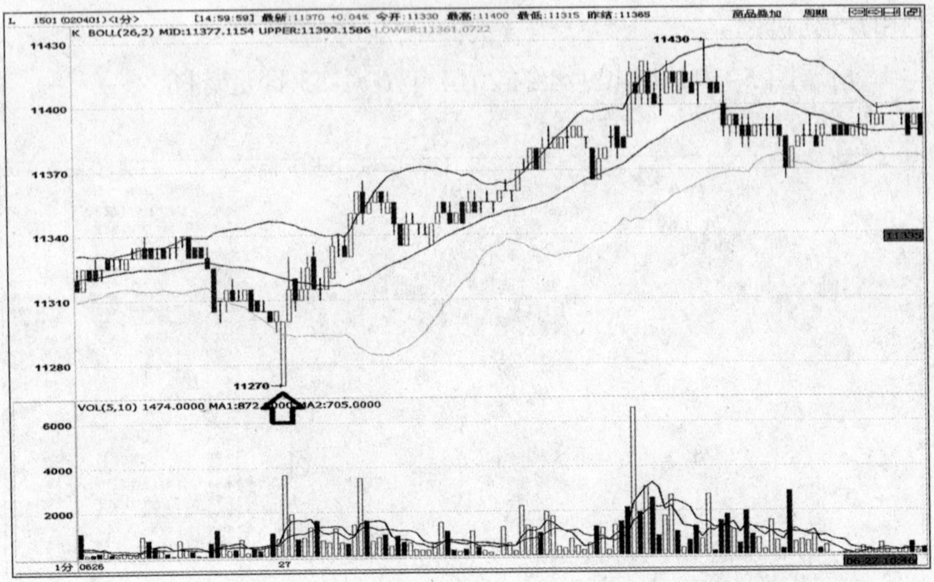

图5-18

L1501合约2014年6月27日价格虽然出现了低开的走势，但是，由于昨日最后一根K线与当日第一根K线的连续性比较好，因此，各款指标均可以正常使用，而不会有什么数值上的失真现象。早开盘数值的失真只针对高开或低开的走势，并且其高开或低开的幅度越大，数值失真也就越厉害。

首根K线出现之后，未来几分钟价格的波动均在首根K线上方，这说明此时波动的性质为多头状态，与之对应的操作方向也应当设置为做多。一日之计在于晨，对于交易期货来讲，一日之计则在于首根 K 线，未来价格的波动在其上方，无须多想入场做多。

未来几分钟价格的波动在首根 K 线上方，则持有多头思路，而一旦 K 线向下跌破首根 K 线，则需要将多单止损，以及及时地转变交易方向，不可再死守之前的看法。价格具备多头波动性质，顺之做多，易实现收益，同样，多头迹象消失，转变成为空头性质，风险也就可以降低到最小，并且还可以把握住价格未来有可能下跌带来的盈利机会。

请看图 5-19，L1409 合约 2014 年 6 月 23 日走势图。

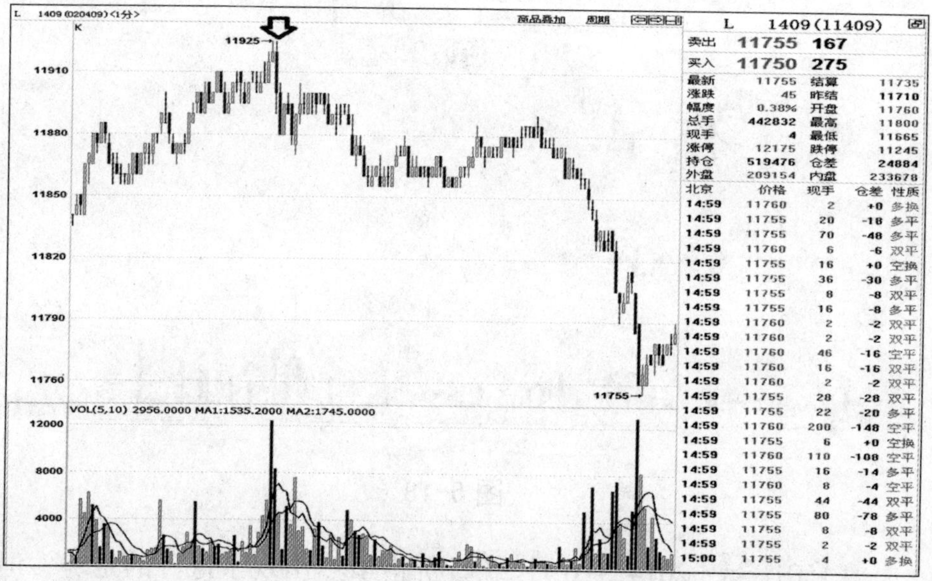

图 5-19

L1409 合约 2014 年 6 月 23 日开盘之后，首根 K 线收出了一根阴线，从整体 K 线形态来看，昨日最后一根 K 线与当日第一根 K 线的连续性较好，由于昨日今日两根 K 线数值变化并不大，所以，这种开盘形态不会对指标产生任何影响。投资者此时可以依据指标的形态来确定交易的方向，也可以依据首根 K 线的形态来确定交易方向。

第一根 K 线出现之后，第二分钟价格便位于了首根 K 线的下方，这样的形态是非常经典的做空技术形态，激进一些的交易可以在价格开盘第二分钟再创新低时直接入场做空。第二分钟下跌后，价格出现了反弹，但是，其反弹的高点却受到了首根 K 线收盘价的压力，经过一番震荡后，价格继续延续空头态势破位下行。

首根 K 线更多地用于早盘期间的走势，对于整体走势的作用并不是太大，虽然首根 K 线会对盘中的价格产生重要的压力与支撑，但随着时间的推移，支撑与压力的作用将会越来越弱，但在早盘期间，其支撑与压力的作用却非常明显。其实换个角度来讲，之所以可以使用首根 K 线判断交易的方向，正是由于它早盘区间具备强大的支撑与压力作用。

请看图 5-20，橡胶 1409 合约 2014 年 7 月 2 日走势图。

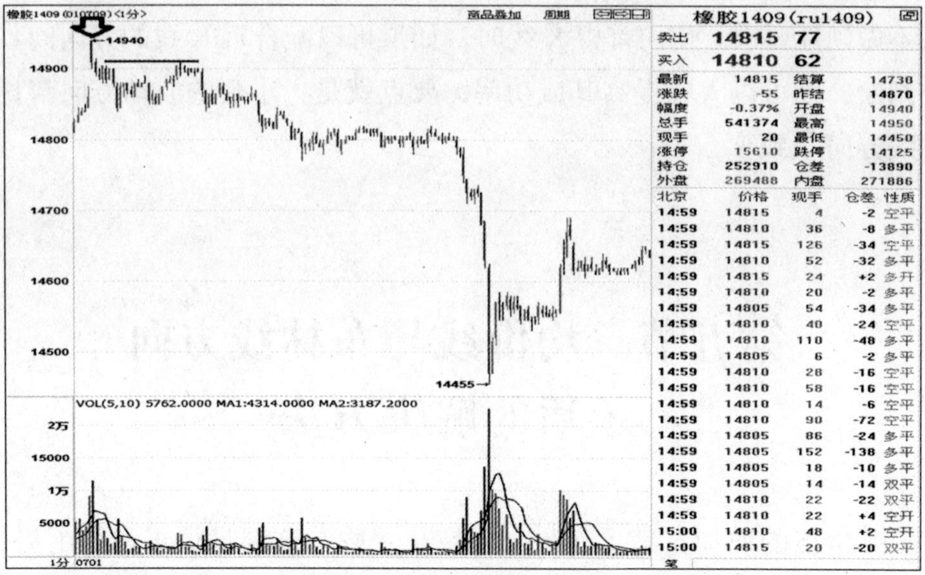

图 5-20

橡胶 1409 合约 2014 年 7 月 2 日价格出现了跳空高开的走势，这样的走势对于商品期货来讲很常见，高开使得各种指标的数值出现了较大的差异，从而使指标处于失真状态。因此，一旦价格出现了高开或低开，就需要习惯性地查看首根 K 线，并依据首根 K 线决定早盘期间的交易方向。

首根 K 线收出一根阴线之后，价格第二分钟便继续下跌创出新低，且随后几分钟的 K 线均位于首根 K 线的下方，这样的走势意味着价格的波动趋势空，投资者的交易方向也必须与价格的波动性质相符。价格一波下跌后出现反弹，但其反弹的高点受到了首根 K 线收盘价强大的压力，从而使得价格继续延续空头迹象，并且在盘中出现了一轮大幅杀跌的走势。

首根 K 线判断的重点在于未来几分钟价格波动与首根 K 线的关系，其本身是阴线还是阳线并不重要，当然，如果价格波动趋势空，是阴线肯定要好，趋势多，首根 K 线是阳线自然更妙，但这并不做硬性要求。使用首根 K 线时，如果可以配合日 K 线的方向同步判断，则可以大幅提高其成功率，要点就是：早盘的波动方向与日线方向一致。

第五节　均价线与布林线方向矛盾的解决方法

价格的波动充满了变数、分歧与矛盾，这都是很正常的走势，如果价格的波动总是有明显的规律可循，那也就不会有人出现亏损了。在实战交易过程，投资者不仅要掌握正常波动状态时的种种交易方法，更需要懂得在价格发生变数、分歧与矛盾时的处理方法，只有这样，才可以使自己处于不败之地。

这一节就先来解决交易方向出现矛盾时的解决方法。笔者在进行交易时，判断方向的方法为均价线结合布林线使用，并且只在分时线位于均价线上方(下方)，且布林线中轨向上(向下)时进行交易，如果不满足这样的技术要求，那么，交易方向就会出现矛盾。

交易方向出现矛盾时该怎样解决呢？朋友们可能已经开动脑筋在寻找答案了，其实大可不必这样费劲，当我面对交易方向矛盾的时候，我的做法就是：不去操作。

这样的答案可能让各位朋友失望了，不是要告诉我们解决的方法吗？怎么成了不去操作？操作，是一种解决的方法；不操作难道就不是一种解决的方法吗？我反而认为这是一种最棒的解决方法！这个区间不去操作，什么时价格的波动化解了这种矛盾的时候再去操作，成功率岂不大增？有所为，有所不为，就是这个意思。

请看图5-21，橡胶1409合约2014年6月26日走势图。

橡胶1409合约2014年6月26日开盘之后，分时线位于了均价线的下方，面对这样的走势，交易方向的确定将会是非常容易的，只要分时线没有向上突破均价线，便要坚定执行做空的操作。第一阶段的下跌过程中，布林线指标中轨也同步保持着下降的趋势，中轨向下的方向同样是做空的信号，这与均价线的提示二者一致，这一阶段，方向上没有任何矛盾之处。

上午10点开始，价格形成了缩量反弹的走势，由于波动重心始终没有下移，受到影响布林线指标中轨形成了上升的趋势，如果依据布林线指标提示来进行操作，这一区间应当进行做多交易，但此时虽然价格形成了反弹，但分时线依然在均价线下方，均价线提示依然要继续做空，交易的方向此时出现了矛盾。

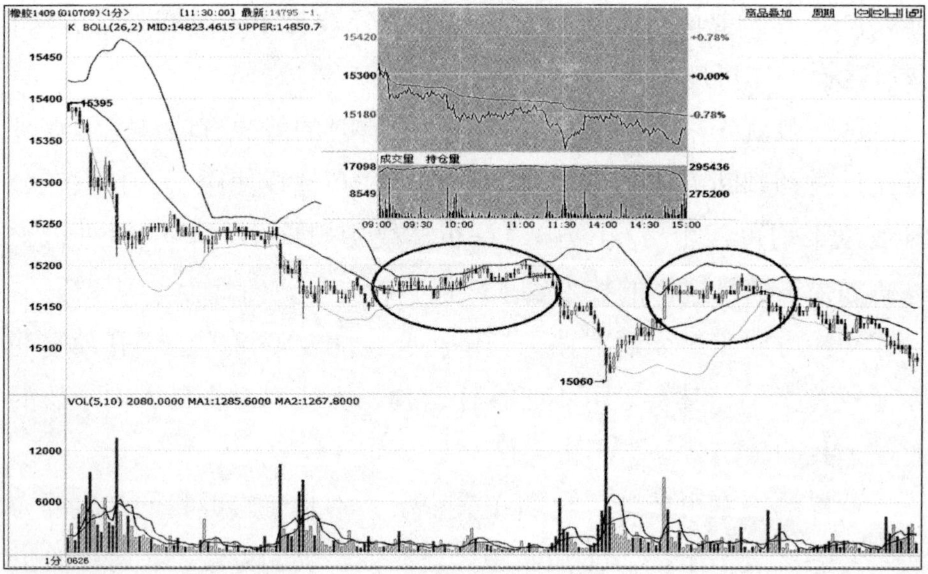

图 5-21

一旦矛盾出现，投资者需要做的就是放弃这一区间的操作，并应耐心等到交易方向一致的时候再进行交易，虽然说这样做有可能损失掉一些交易的机会，但这些机会都是不安稳的，其风险大于收益。

请看图 5-22，IF1409 合约 2014 年 7 月 1 日走势图。

IF1409 合约 2014 年 7 月 1 日开盘快速冲高后，价格便连续回落，分时线位于均价线的下方，意味着正确的交易方向应当是进行做空操作。由于均价线的波动较为平缓，所以，在确定交易方向的时候，还需要结合布林线指标共同使用，通过两个指标来确定最适合进行交易的区间。

虽然分时线整体位于均价线下方，但是，下跌途中的反弹却会使得布林线指标中轨形成上升趋势，中轨的上升趋势提示做多，而均价线则提示做空，这就是价格波动时产生的方向上的矛盾。从全局的角度来讲，应当顺应均价线执行做空的交易，而从细节来讲，可以服从布林线指标中轨的方向，但如果依据布林线指标逆大势交易，一定要做到快进快出，相比之下，虽然跟随布林线指标中轨做多有一定的收益，但收益幅度较小，并且风险相对较大，所以，矛盾区间显示不是适合的交易区间。

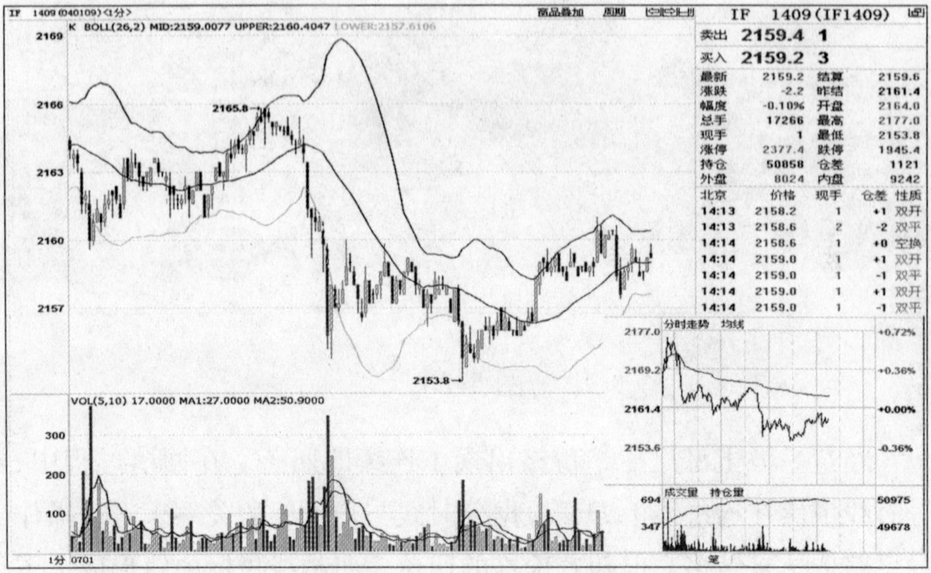

图 5-22

矛盾的走势不会一直延续，只会保持一段时间，最终矛盾将会化解，二者的方向提示达成一致，方向一致的区间才是收益较大而风险较小的区间，这才是操作的大好机会。

请看图 5-23，IF1409 合约 2014 年 6 月 27 日走势图。

IF1409 合约 2014 年 6 月 27 日价格盘中上涨的时候，分时线位于均价线上方，交易方向应当做多，同时，布林线指标中轨也保持着明确的上升趋势，该区间二者的交易方向完全一致，这是获利的大好区间。

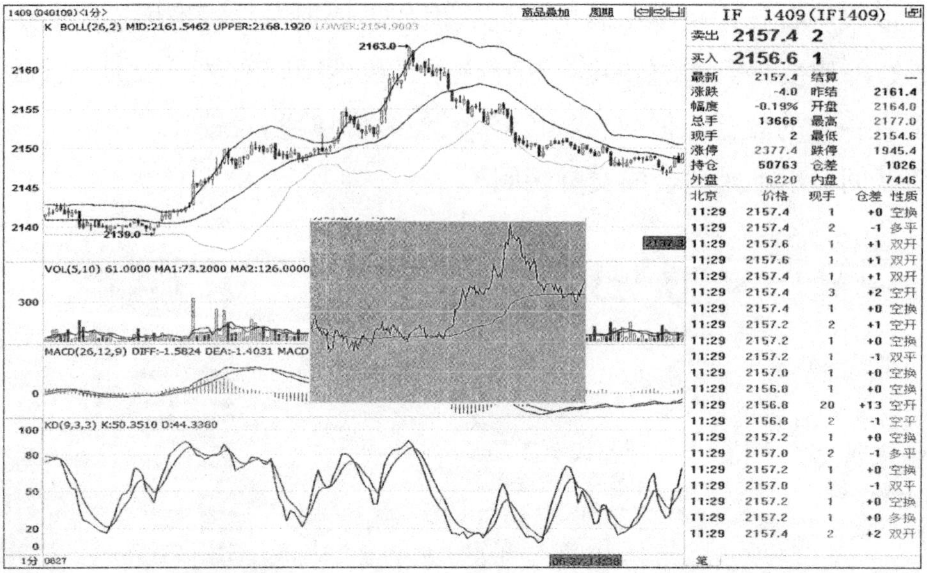

图 5-23

经过一波上涨之后，价格出现了连续的回落，在回落过程中，分时线依然在均价线上方，根据分时线与均价线的关系来看，操作的思路依然是做多。但随着价格的回落，布林线指标中轨形成了下降的趋势，此时向投资者发出的信号是进行做空交易。均价线提示依然做多，布林线指标中轨提示做空，二者在价格回落的过程中方向出现了矛盾。

一旦交易方向没有一致，交易的难度就将会加大，因此，这一区间应当主动放弃，这是一种稳健的做法，可以确保交易的过程中不会有大的问题。虽然会损失价格连续回落过程中带来的做空盈利机会，但是，在收益与安全之间的那个平衡点，我认为就在二者交易方向完全一致的时候。

请看图 5-24，L1409 合约 2014 年 6 月 30 日走势图。

L1409 合约 2014 年 6 月 30 日开盘之后，分时线位于均价线的下方，并且这一区间，布林线指标中轨也同步向下，二者的交易方向完全一致，该区间做空实现盈利的难度并不大。

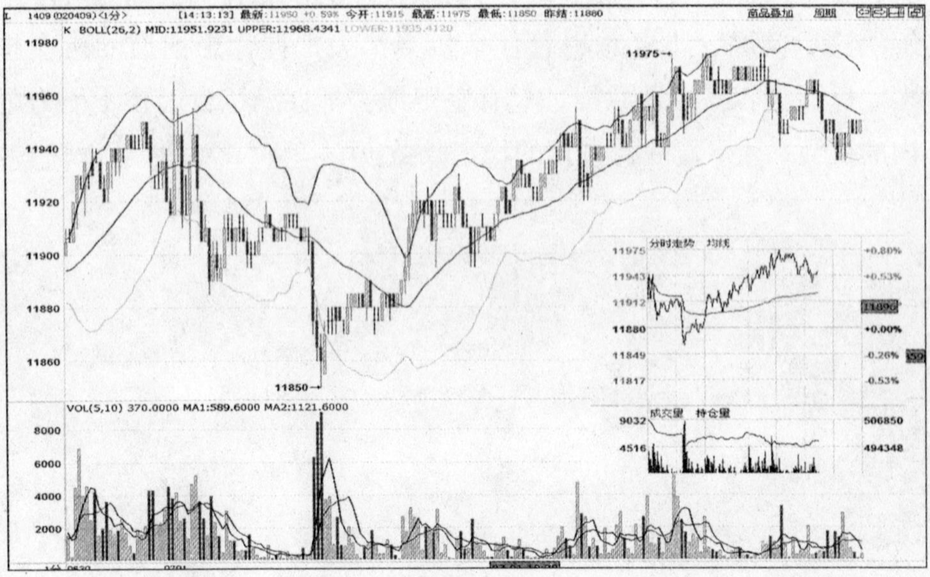

图 5-24

放量下跌结束后，价格上涨，分时线位于了均价线的上方，并且受到价格上涨带动的影响，布林线指标中轨也形成了上升的趋势，至此二者的交易方向再度一致。早盘同步指明做空的方向，而后同步指明做多的方向，二者同步区间进行操作，收益远大于风险。

至图中最后的走势部分，分时线依然位于均价线上方，但布林线指标中轨却形成了下降的趋势，二者方向上的提示出现了矛盾，这一区间就需要主动放弃，而不宜进行操作。

交易方向的判断相互验证，在这一区间进行交易成功的概率将会是极高的，无论是整体方向，还是局部方向都朝一个方向提示，自然应当积极地交易。而一旦方向出现背离，要么是价格上涨后的调整，要么是价格下跌后的反弹，这些调整与反弹能否改变之前大的下降或上升趋势就很难说了，所以，在这个区间交易风险大于收益，除了人为主动放弃这一区间的操作，真没有什么别的好办法来解决这个问题，不要总想着什么机会都去把握，想把握的机会越多，反而越容易出现亏损，只有坚定地去把握属于自己技术能力之内的机会，才可以获得真正的稳定收益。

第六章　操作目标品种的确定

目标品种的选择说简单也简单，说难也难，选对了目标品种，实现的盈利将会大一些，而选错了目标品种，不仅收益会减小，并且风险也将会加大。

确定交易方向是必不可少的，确定正确的目标品种也将是必不可少的分析要素。确定合适的目标品种的目的是使自己操作的对象都处于活跃的波动状态下，如果价格波动较为呆滞，又怎么可能带来可观的收益？只有价格波动较为活跃，才容易形成各种经典的技术形态，才容易确定出符合技术条件的介入点，并且在技术形态类似的情况下，波动活跃品种的涨跌幅度才会更大。

目标品种的选择也有着独特的方法，掌握了这些方法，交易的目标对象就必然是盘中波动的明星品种，或是所有品种中最适合做多与最适合做空的品种。

第一节　确定目标品种的两大原则

确定目标品种有两大原则，一种是固定原则；另一种是双向原则。

固定原则：是指需要长期关注几个品种，这些品种具备长期的活跃性，比如笔者每天必然要看橡胶与股指的走势，因为这两个品种无论什么时间，价格的波动幅度都比较大，并且最容易形成经典的技术形态。

固定关注几个品种的好处是：由于时时刻刻都在关注着它们，一旦它们出现交易的机会，便可以第一时间发现，而不会错失机会。但这种方式的缺点就是：一旦所关注的目标品种处于窄幅波动状态，而其他品种出现较为不错的机会，就容易错过最好的目标对象了。

固定关注的品种不适合选择波动呆滞的品种，因为这些品种一年也活跃不了几天，关注它们实在是没有意义，另外就是交易量普遍较小的品种，比如说 PP（聚丙烯），虽然它的波动非常活跃，但由于成交量很稀少，多的不用说，就是一百万的资金都很难快速地进出，所以，价格波动虽然活跃但也没有必要去关注它。目标品种不仅要波动活跃，更要符合于自己资金量的交易需求，不能说开仓要费半天劲，平仓也要费半天劲。

双向原则：是指在选择目标品种的时候，不要只选一个方向的交易对象，而是要选择两个方向的交易对象。比如盘面趋势多，操作上，必然是要选择那些涨势强劲的品种，因为这类品种资金做多积极性高，价格易涨难跌，同样，如果盘面趋势空，则要选择跌幅最大的品种，这类品种资金一致看空，延续下跌的概率是极大的。这样选择目标品种的方式是单向的，在实战交易时略有不足，万一价格突然转向下跌，或转向上涨，该直接将锁定成目标对象呢？如果转向时再寻找，很容易错过机会。因此，在确定做多品种的时候，必须要同时确定一个做空的备选目标，在确定做空品种时，也要选择一个做多的备选目标。

备选目标并不是可以直接操作的，它只作为关注的对象，并且只有在整体趋势方向发生转变时，它才可以作为目标对象进行操作，并且它一定是当前整体方向波动过程中最弱的那个品种。

比如：当前盘面趋势多，肯定是要选择涨幅或上涨力度最大的品种进行操作以及关注，这是主盯品种，同时，为了防止盘面的趋势方向发生逆转，必须要找出当前盘面中上涨力度最弱的那个品种，它的上涨力度弱，说明多方做多积极性并不高，一旦盘面转弱趋势空，这些涨不起来的品种，往往最容易出现下跌的走势，在盘面逆转以后，这些品种也就可以直接进行操作了。

如果盘面趋势空，肯定是要选择跌幅或是下跌力度最大的品种进行关注及操作，这类品种下跌的延续性是最好的，同样，为了防止盘面突然转多，必须要找出盘中下跌幅度最小，或是下跌力度最小的品种作为备选品种，一旦盘面由空转多，这类品种就可以直接作为做多的对象。但在盘面多空未逆转之前，这类品种可以关注，但不可以操作。

这样选择目标品种，如果盘面多空没有发生转变，则可以做涨跌力度最大的品种，而一旦盘面发生多空转变，备选的品种就是最适宜交易的对象，如果一来，不管盘面是延续当前的状况，还是发生转变，所关注的目标品种都是当前最适合操作的。

擒贼先擒王，就是这样的道理，我们这个王一要顺方向的王者，通过操作它而实现盈利是符合盘面状况的。同样，也要找逆方向的王者，盘面转变时就操作它。

有了这样的总体思路，确定谁是最合适的目标品种也就是件很简单的事情了。以下的内容中，主要为大家讲解的是如何选择顺方向的王者，逆方向的王者其实只需要将思路翻转过来就可以了。

第二节　通过涨跌幅确定目标品种

涨跌幅的大小是价格涨跌力度大小最直接的体现，通过对所有品种涨跌幅排序进行分析，可以在最短的时间内找到较为适合的目标品种。当然，涨跌幅的判断是不宜单独进行的，还需要结合具体的分时形态或是分钟 K 线图的形态进行分析，它只是选择目标品种的第一道手续费。

在绝大多数情况下，当天盘面趋势多的时候，能够为投资者带来较大做多盈利的目标，必然是那些涨幅较大的品种。而当盘面趋势空的时候，下跌空间最大的必然是那些跌幅较大的品种。所以，首先从涨跌幅入手来确定目标品种，是最省力的方法。

通过涨跌幅确定目标品种以后，并不意味着目标品种就可以锁定了，比如一个品种低开 1%，另一个品种低开 3%，但低开 3%的品种一步到位失去了下跌的空间，而低开 1%的品种则具备很好的下跌形态，这个时候，还是应当操作跌幅 1%的品种。所以说，涨跌幅确定目标品种仅是第一步，第二步则是要针对价格波动形态再次进行对比。

请看图 6-1，豆粕 1409 合约 2014 年 7 月 14 日走势图。

豆粕 1409 合约 2014 年 7 月 14 日低开之后，价格出现了连续震荡上涨的走势，从分时线与均价线的关系上可以看出，这一天应当始终保持着做多的思路。

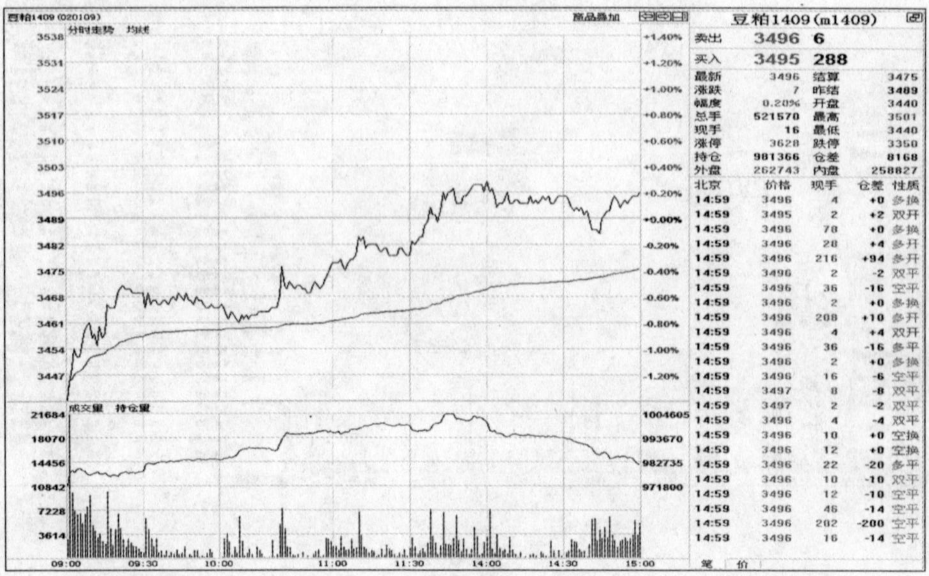

图 6-1

虽然豆粕 1409 合约的分时线始终保持着震荡上行的态势，但直到下午开盘后不久才翻红涨幅为正，那么，豆粕 1409 合约它是农产品板块中最适合做多的品种吗？这还需要结合具体的涨跌幅进行对比来判断。

请看图 6-2，菜粕 1409 合约 2014 年 7 月 14 日走势图。

菜粕 1409 合约 2014 年 7 月 14 日同样出现了低开震荡高走的形态，与豆粕 1409 合约的走势高度相似，仅从技术形态来看，二者无论对谁做多都是可以的。但在实战操作时，我们肯定是要选择其中多头力度最大的品种。

在分时形态完全一致时，操作的对象应当是涨幅最大的品种。在价格翻绿的状态下，涨跌最大也就是跌幅最小，跌幅小说明空头力度弱，这类品种在上涨的过程中，往往涨幅也相对较大。

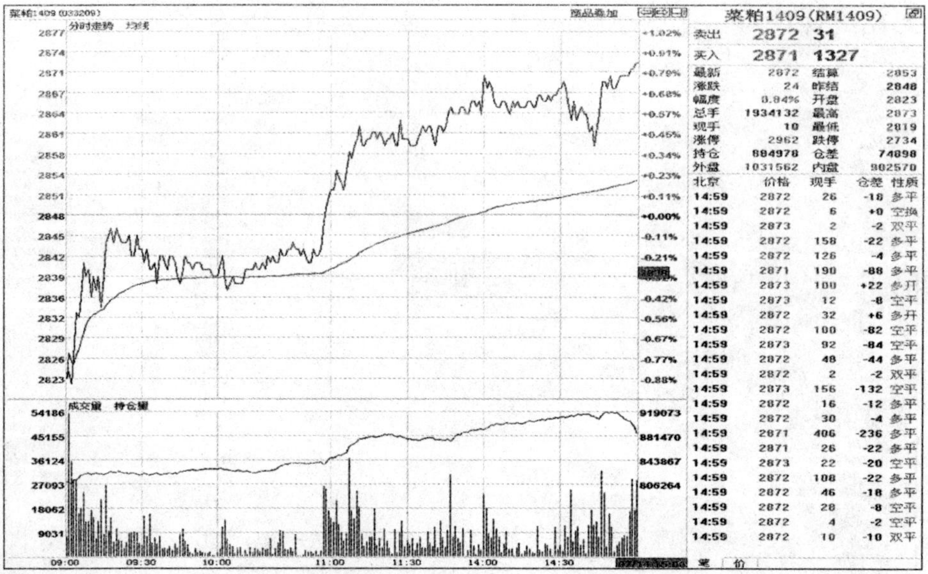

图 6-2

豆粕 1409 合约在下午的时候才翻绿，而菜粕 1409 合约则是在上午时便处于翻红状态，这些差别其实在早盘二者的波动过程中便可以判断出来了。早盘菜粕无论是上涨还是调整，其跌幅都小于豆粕。这也就是为什么要将菜粕 1409 合约作为目标品种的原因。

请看图 6-3，铁矿 1501 合约 2014 年 7 月 14 日走势图。

铁矿 1501 合约 2014 年 7 月 14 日开盘的幅度为 0.85%，在上午的时候，价格的整体波动重心都位于 0.85%附近，如果仅从涨幅的角度来进行判断，在上午的时候，铁矿 1501 合约无疑是涨幅最大的，应当成为最合适的目标品种。

虽然说涨幅是确定目标品种最重要的理由之一，但并不是唯一的理由，因此，还需要把铁矿 1501 合约的走势与相关的品种进行对比，以此确定它是否是最合适的目标对象。

请看图 6-4，螺纹 1501 合约 2014 年 7 月 14 日走势图。

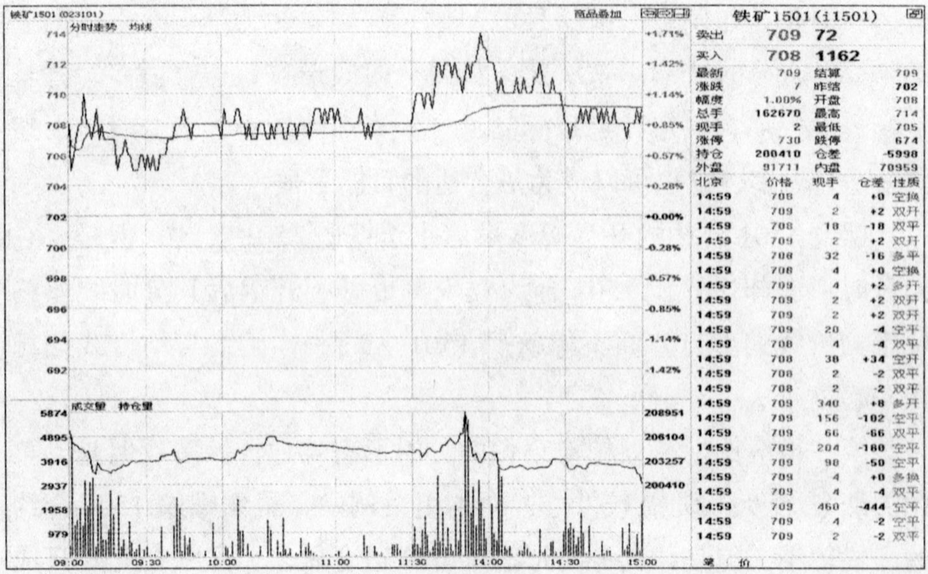

图 6-3

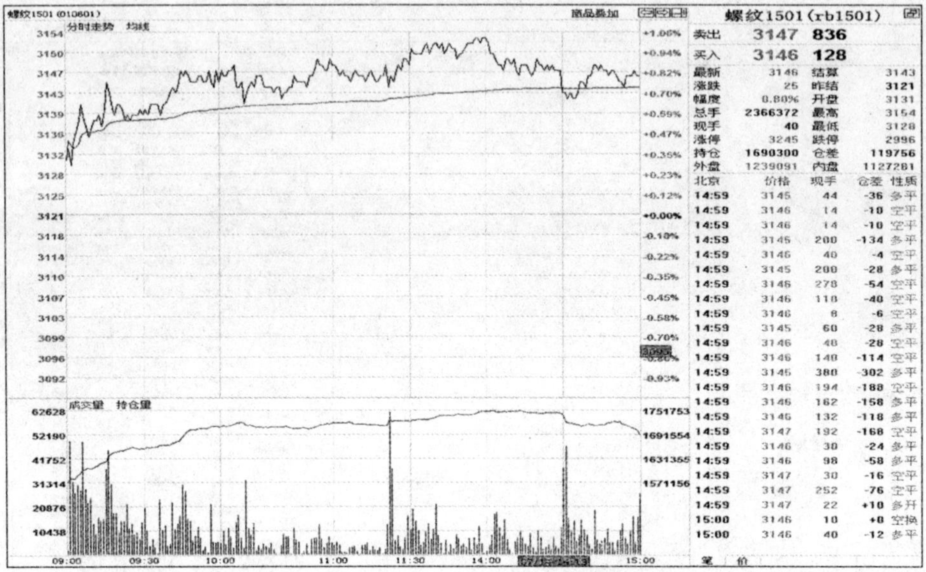

图 6-4

螺纹 1501 合约 2014 年 7 月 14 日高开的幅度远低于铁矿 1501

合约，但是，在确定目标品种的时候，涨幅虽然为第一要素，但还必须要结合分时线形态来决定。如果分时线形态最适合做多，并且涨幅最大，那它铁定就是目标品种。如果涨幅较小，但分时线形态非常适合做多，它也可以成为最合适的目标品种。

螺纹 1501 合约的开盘幅度虽然小于铁矿 1501 合约，但是，它的分时形态却比铁矿 1501 合约表现得更好。开盘后其分时线始终位于均价线的上方，而不像铁矿 1501 合约一样始终与均价线纠缠在一起。

第一组案例中，豆粕与菜粕的分时形态均适合做多，但是，菜粕的涨跌较大（跌幅较小）；而本组案例中，虽然螺纹 1501 合约的涨幅较小，但是，其分时形态却非常适合做多，涨跌在此时只成了辅助参考的数值，而起决定性作用的则是分时形态。

请看图 6-5，白银 1412 合约 2014 年 7 月 14 日走势图。

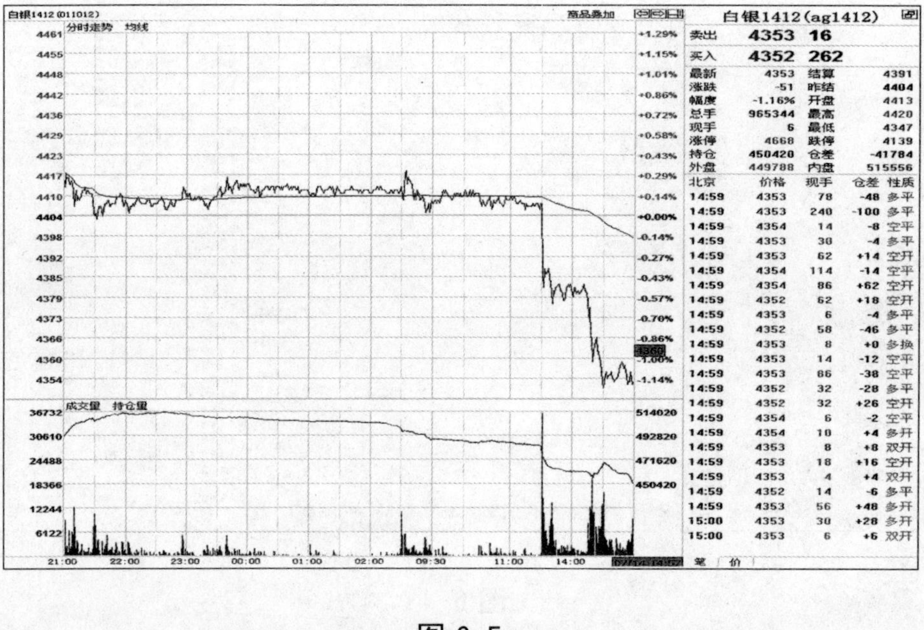

图 6-5

白银 1412 合约 2014 年 7 月 14 日上午开盘至中午临近收盘时，价格的涨幅始终为正，同时，由于分时线在夜盘期间长时间围绕均价线上下震荡，没有明确的趋势方向，因此，其走势无论做多还是做空，都不是太理想的形态。

白银与黄金的走势高度相关，对白银进行分析或是操作的时候，黄金的走势是必须要同步进行判断的，以此经常性的对比二者走势上的关系，从而选出最适合做多或是最适合做多的形态。走势越是高度相关的品种越不适宜单独来看。

请看图 6–6，黄金 1412 合约 2014 年 7 月 14 日走势图。

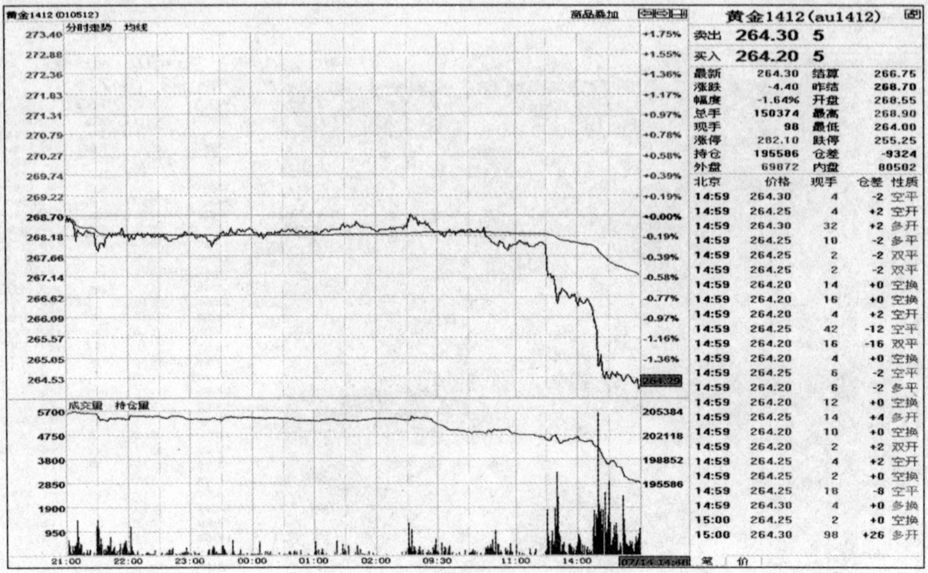

图 6-6

黄金 1412 合约 2014 年 7 月 14 日开盘以后，分时线虽然位于均价线上方，但是价格却长时间保持着翻绿的状态，黄金的涨跌幅与白银一对比，便可以得出一个结论：如果价格涨了上去，从涨跌幅的角度而言，白银是最适合做多的，但是两者都出现了下跌，由于黄金一直处于翻绿的状态，所以，黄金是最适合做空的。

下午开盘以后，二者双双低开(分时线笔直向下)，而后出现的反弹，白银在反弹区间形成了标准的横盘箱体形态，而黄金则形成了反弹高点不断降低的形态，从两者的分时形态来看，黄金下跌的力度更大。同时，黄金反弹出现时，其跌幅在0.7%以下，而白银反弹时的跌幅则在0.6%以内。

黄金跌幅大，并且分时线下跌力度也更大，而白银跌幅小，并且分时线下跌的力度也弱于黄金。您说，这两个品种我们该对谁进行做空操作呢？

请看图6-7，豆粕1501合约2014年7月9日走势图。

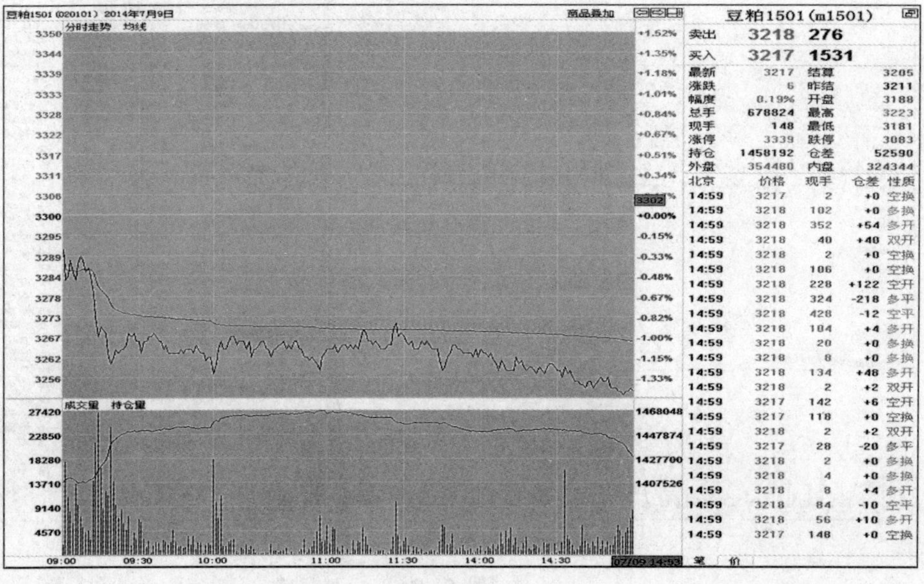

图 6-7

豆粕1501合约2014年7月9日开盘后不久价格便出现了快速下跌的走势，随后，分时线始终位于均价线的下方，分时线与均价线的关系提示的信息为应当坚定进行做空的操作。

操作方向确定以后，接下来的问题就是要看一下豆粕 1501 合约是不是农产品板块中最适合做空的。价格下跌之后，其波动中心处于跌幅 1%的幅度，围绕这个数值，价格反复上下震荡。我们可以利用跌幅首先进行一番对比。

请看图 6-8，菜粕 1501 合约 2014 年 7 月 9 日走势图。

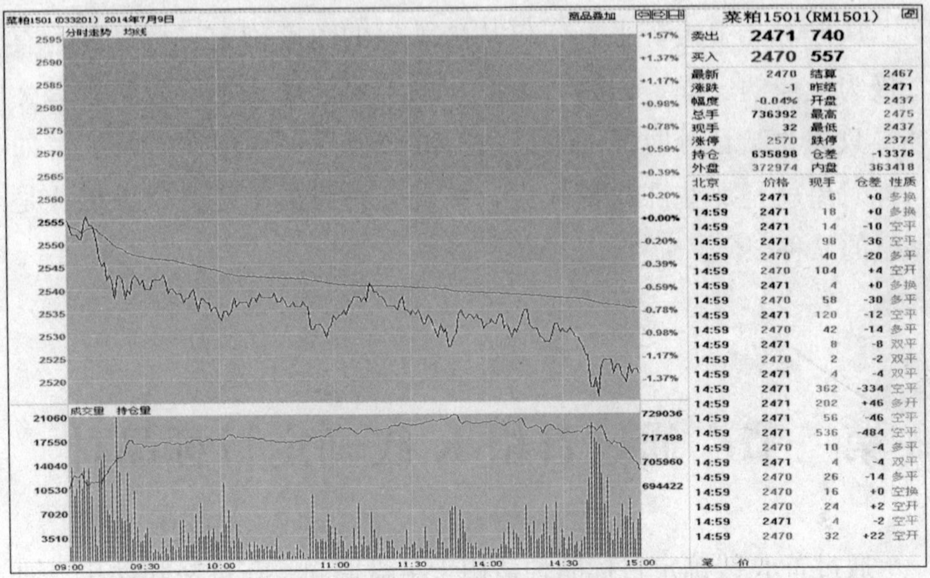

图 6-8

菜粕 1501 合约 2014 年 7 月 9 日开盘后不久价格便出现了放量下跌的走势，随后，分时线始终保持在均价线的下方，价格空头的性质非常明显，面对这样的走势，该是怎样的操作方向想必已无须多说。

菜粕 1501 合约上午下跌的时候，其波动中心基本维持在 -0.7%左右，相比豆粕 1501 合约跌幅 1%的幅度，从跌幅上来讲，菜粕 1501 合约显示不是最适合做空的品种。跌幅虽然是我们判断谁是目标品种的第一步，但并不是说只踏出一步就可以了，分时线的形态也我们必须要考虑的问题。

虽然菜粕 1501 合约跌幅小于豆粕 1501 合约，但是，豆粕 1501 合约一波下跌过后，价格只有在尾盘阶段才创出了新低，而菜粕 1501 合约在上午的时候则先后创下了二次新低，从分时线的形态来看，菜粕 1501 合约的下跌力度明显强于豆粕 1501 合约，因此，菜粕 1501 才是做空最合适的目标对象。

从以上几组走势来看，仅从涨跌幅的角度确定目标品种，有它极为便捷的一面，但是，也有它的不足，而这个不足很容易弥补，只需要结合分时线的形态进行综合确定便可以了。最完美的目标对象就是那些涨跌幅较大，并且分时线形态最适合做多或是做空的品种。

第三节　通过首根 K 线确定目标品种

通过首 K 线确定目标品种适用于早盘期间，在价格开盘几分钟内确定交易目标并进行关易的一种技术。这种方法有时效性，也就是开盘 10 分钟内有效，之后用这种方法也就没有太大作用了。

通过首根 K 线确定目标品种是一种对比的技巧，在早盘期间对比出两个具有相关性的品种，看谁更适合做多，或是谁更适合做空。其操作细节为：对下跌迹象更加明显的品种进行做空交易，对下跌力度较弱的品种放弃操作；对上涨迹象更加明显的品种进行做多操作，而对上涨力度较小的品种放弃做多操作。

由于这种方法具有很强的时效性，所以，不宜进行全局性的对比，仅针对一对具有相关性的品种进行对比便可以。先在 8：59 时利用 1 分钟的时间对比各品种的开盘幅度，然后再利用首根 K 线的方法对比早盘期间的交易目标，按照这个流程进行对比，基本上就可以锁定早盘期间最适合进行交易的对象。

请看图 6-9，L1409 合约 2014 年 7 月 18 日走势图。

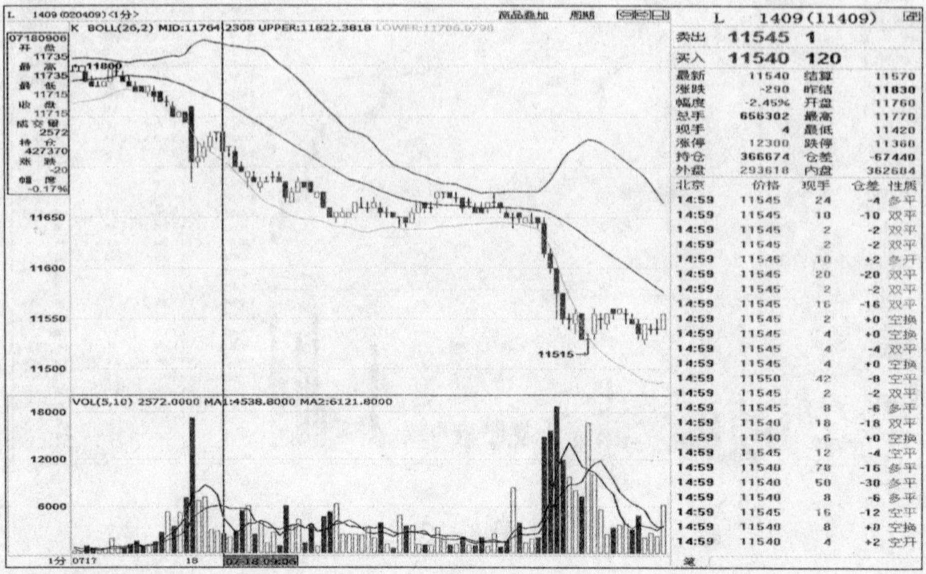

图 6-9

L1409 合约 2014 年 7 月 18 日开盘后首根 K 线收出了一根阴线，而后几分钟，价格在首根 K 线范围内保持波动，由于价格没有向上突破首根 K 线，也没有向下突破首根 K 线，所以，这一时间价格波动方向未明，不宜入场进行操作。

后期下跌走势出现的信号便是首根 K 线被向下跌穿，一旦破位走势出现，便意味着交易方向的出现，此时便可以入场进行做空操作。

虽然 L1409 合约在早盘几分钟内没有明确的交易方向，但并不代表与之关联的品种（基本面高度相关，或是跨月份的合约）没有交易方向，因此，在执行交易前，一定要先有一个对比的过程。

请看图 6-10，L1501 合约 2014 年 7 月 18 日走势图。

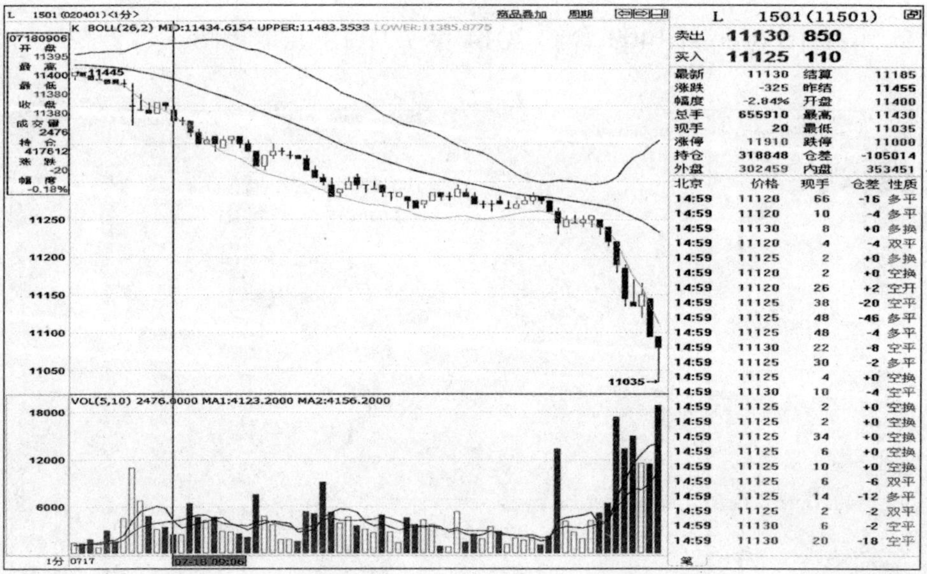

图 6-10

L1501 合约 2014 年 7 月 18 日首根 K 线为一根十字星，而后几分钟价格小幅波动方向也并不太明显，但在 9：06 时，一根阴线向下跌破了窄幅波动区间，这意味着交易的方向已经出现，早盘期间激进的做空信号形成。

对比 L1409 合约可以看到，在 9：06 时，L1409 合约的价格没有任何破位迹象，但 L1501 合约却率先形成破位的走势，对比两者早盘期间的走势，L1501 合约空头迹象更加明显，因此，就这两个品种而言，L1501 合约是最适合进行做空的对象。

从对比的方法来看，一系列的分析要求投资者在很短的时间内完成，因此，分析与操作必须速度，激进操作就是这样，分析的慢了、手慢了最适合的机会也就消失了。

请看图 6-11，橡胶 1501 合约 2014 年 7 月 18 日走势图。

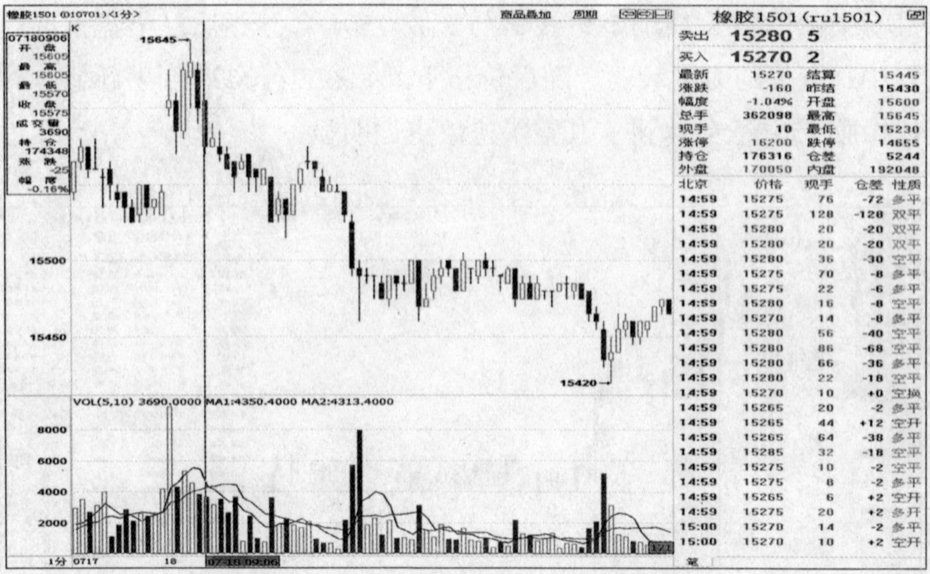

图 6-11

橡胶 1501 合约 2014 年 7 月 18 日价格早开盘期间的走势震荡较大，跌破首根 K 线后又快速拉起，而后价格又再度出现下跌。这样的走势很具有代表性，将早盘期间价格波动的风险表现得淋漓尽致。早盘价格的波动处于不稳定期间，震荡是在消化昨天收盘之后的各种消息，只有经过一段时间的消化，价格才会进入稳定波动区间。

正由于价格具有早盘波动剧烈的特征，所以，在实战交易时，必须要做到快进快出，特别是出现亏损的时候，更是要执行的迅速一些，否则随便一根 K 线造成的杀伤力都有比较大的。

橡胶 1501 合约在早盘 9：06 时刚刚创下收盘价新低，具备了初步做空的技术特征，但由于首根 K 线的下影线还并没有完全跌破，因此，绝对的做空机会还并没有出现。

请看图 6-12，橡胶 1409 合约 2014 年 7 月 18 日走势图。

橡胶 1409 合约 2014 年 7 月 18 日开盘后价格虽然上冲，但并没有突破首根 K 线的上影线，与橡胶 1501 合约相比，早盘上冲过程中，多头的力度较弱。随后价格下跌，在 9：06 时创出新低，相比橡胶 1501 合约来讲，其空头迹象更加明显。

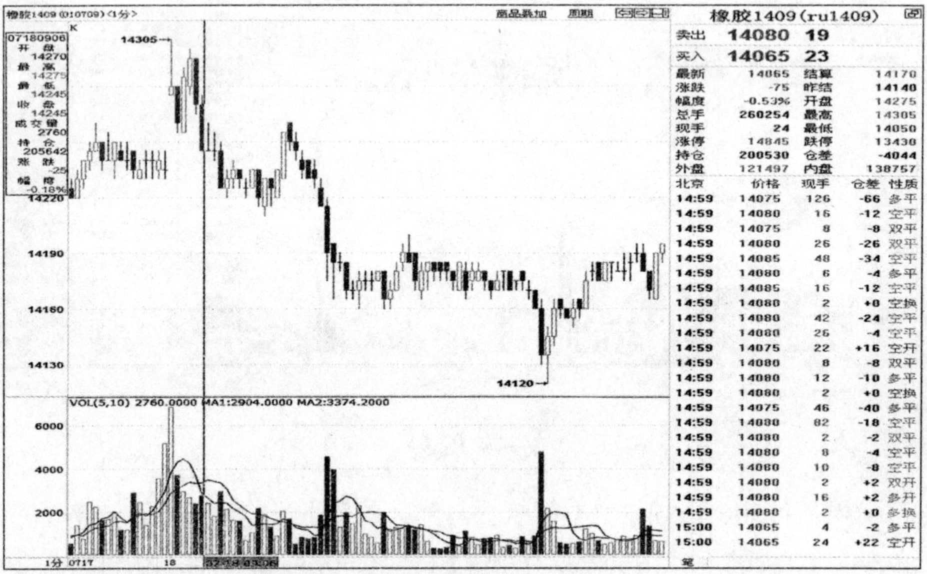

图 6-12

通过早盘几分钟的对比可以得出这样的结论：上涨橡胶 1409 合约力度弱，而其下跌力度强，这样的表现显然更适合进行做空的交易。因此，在价格向下创出新低的时候，便是很好的做空点。

在早盘期间利用首根 K 线进行对比的时候，更适合进行做空的操种，并不代表其后期的跌幅一定会比较大，只是从早盘期间的走势来讲，技术形态更适合做空，因为后期的跌幅只有价格跌下来才可以知晓，在确定出谁更适合做空的时刻，是无法确定未来跌幅的。

请看图 6-13，菜油 1501 合约 2014 年 7 月 18 日走势图。

菜油 1501 合约 2014 年 7 月 18 日低开快速下探后，第三分钟价格向上突破了首根 K 线，这意味着早盘做多信号的到来。投资者可在首根 K 线被向上突破时入场进行做多操作，这是一种激进的交易模式，拿首根 K 线作为参照物做多，那么，一旦首根 K 线又被跌破则需要进行止损操作。

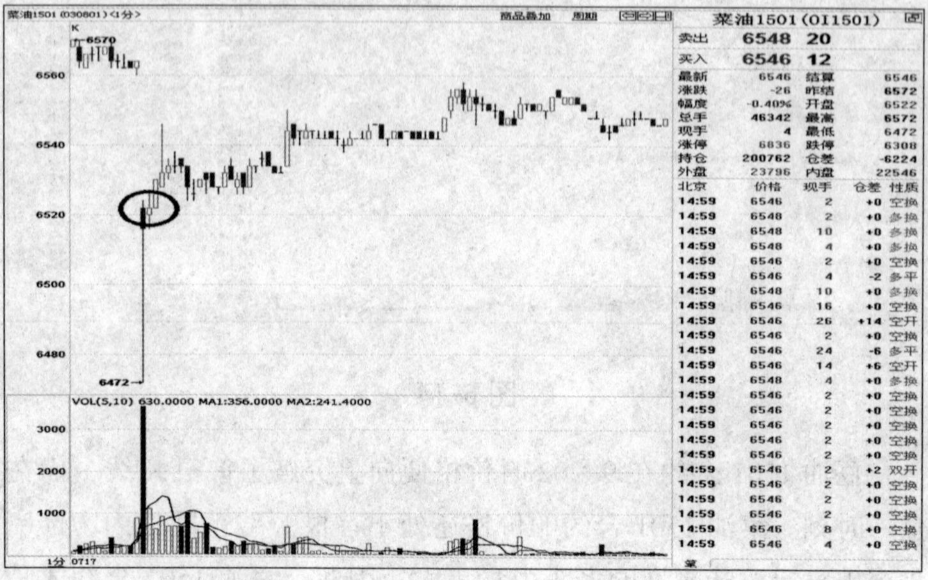

图 6-13

菜油 1501 合约在第三分钟突破了首根 K 线，那么，它是否就是油脂板块中最适合在早盘做多的品种呢？必须要有一个对比的分析过程。虽然说直接对菜油 1501 合约做多也可以实现盈利，但通过对比后的分析结论将会更容易使利润最大化。

请看图 6-14，豆油 1501 合约 2014 年 7 月 18 日走势图。

豆油 1501 合约 2014 年 7 月 18 日首根 K 线为一根阳线，从这一根 K 线来看，豆油 1501 合约的走势相比菜油 1501 合约更偏向于多头。但是，仅凭一根 K 线还是不够的，还需要结合后几分钟的 K 线进一步确定谁更适合成为做多的对象。

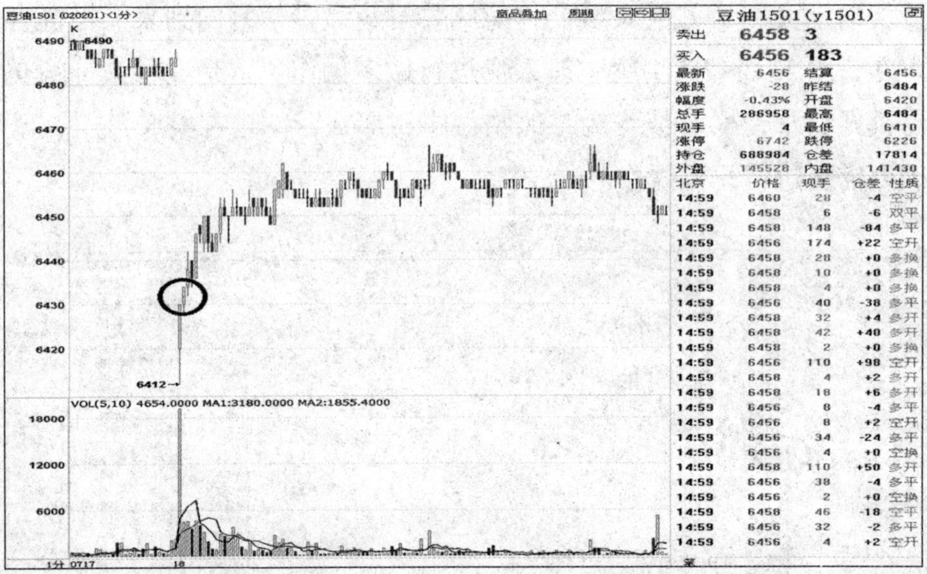

图 6-14

豆油 1501 合约在 9：02 时价格便向上突破了首根 K 线，而在这一时刻，菜油 1501 合约的价格还处于首根 K 线范围之内，谁率先突破肯定意味着谁的多头力量更大，因此，豆油 1501 合约才是最开盘期间最适合进行做多的品种。

从本案例的走势来看，留给投资者分析与操作的时候非常短，所以，在进行操作的时候，宜将软件的界面进行切分，至少要同时显示两个关联品种的走势，以此，才可以用最短的时间判断出谁是更适合做多的目标对象。

请看图 6-15，IF1408 合约 2014 年 7 月 18 日走势图。

IF1408 合约 2014 年 7 月 18 日首根 K 线为一根阳线，随后价格连续回落并将其跌破，从破位点的走势来看，做空机会出现，但随后价格又重新回归首根 K 线实体内，并向上形成了突破，一次做空交易以技术性失败告终。

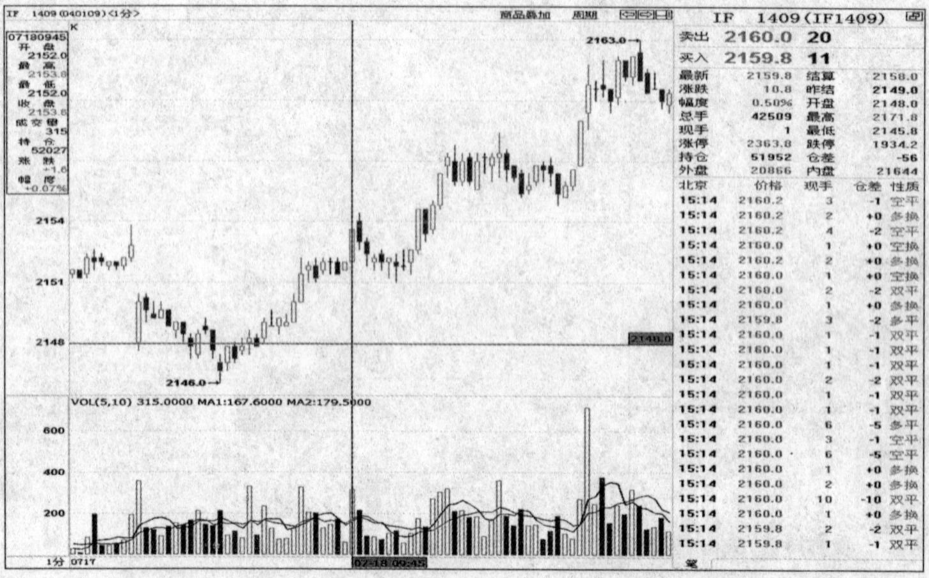

图 6-15

价格既然又向上突破了首根 K 线发出做多的信号，那么，投资者就需要再对比其他月份合约，以此来判断早盘期间谁的走势具备更明显的多头迹象，从而选择最适合做多的目标对象。

请看图 6-16，IF1409 合约 2014 年 7 月 18 日走势图。

IF1409 合约 2014 年 7 月 18 日价格在早盘回落的期间，K 线的下影线跌破了首根 K 线，但马上又回归到首根 K 线实体以内，相比 IF1408 合约其下跌的力度较弱，一旦价格有上涨的动作，那些下跌力度较弱的品种往往更适合于做多。

随后两个品种在同步向上突破首根 K 线的时候，投资者正确的选择是做多 IF1409 合约。虽然说同时间突破二者在多头强势上差别并不是太大，但也不能只看多方的表现，还要再看一下空方的状况。而破位点的走势则是空方状况的直接体现，既然要进行的是做多的交易，那肯定是要选择下跌力度更小一些的品种。

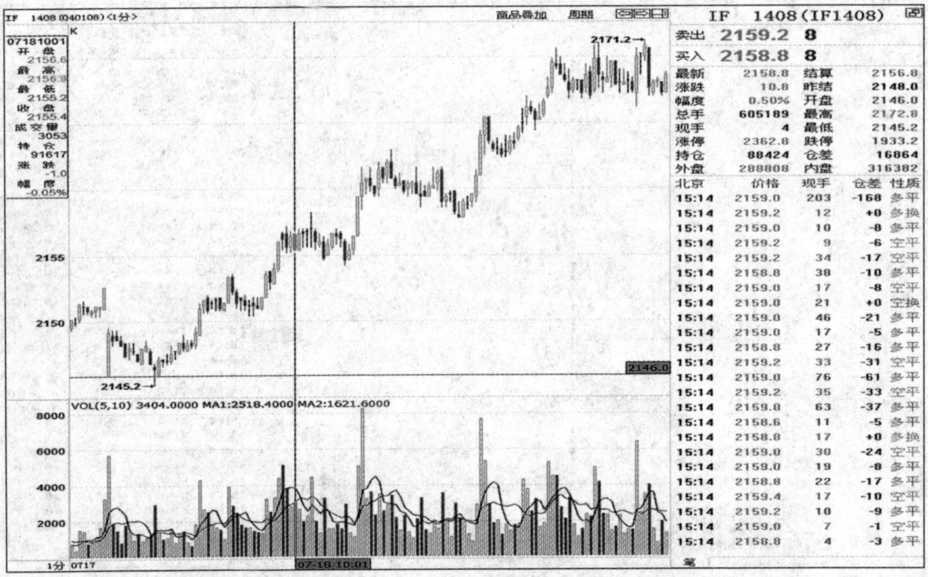

图 6-16

通过以上几组案例的对比来看，在价格有上涨迹象的时候，要在关联品种中选择那些多头迹象更加明显的品种，而在价格有下跌迹象时，则要选择空头迹象更明显的品种。其对比的方式也很简单，做多就要看谁率先突破首根 K 线或是创出新高，以及价格拒绝下跌；做空则要看一下谁先向下跌破首根 K 线或是创新低，以及价格拒绝上涨。两个或几个品种间进行了对比，符合条件的品种在当前那刻才是最值得入场进行交易的品种。

第四节　通过均价线确定目标品种

在笔者的交易体系里，均价线有着很重要的作用，它直接体现了资金的交易成本，具有强大的支撑与压力的作用，因此，将其视为是多空分水岭。分时线在均价线上方，价格的波动处于多头状况，分时线位于均价线下方，价格的波动处于空头状态。

利用多空分界位确定目标品种谁更符合明显的多头迹象或是空头迹象，而后选择适合的对象进行操作。这种确定目标品种的方法可以在盘中任何时间运用，适用性非常广。这种方法不仅对日内投机交易十分有效，就连笔者创立的一阳锁套利交易模式中，也运用到这样的方法确定强弱。

均价线的波动较为稳定，因此，留给投资者分析的时间较长，有足够的时间进行决策以及确定介入点位，是投资者必须要掌握的一种盘中确定目标品种简单但却有效的技巧。

请看图 6-17，PP1501 合约 2014 年 7 月 18 日走势图。

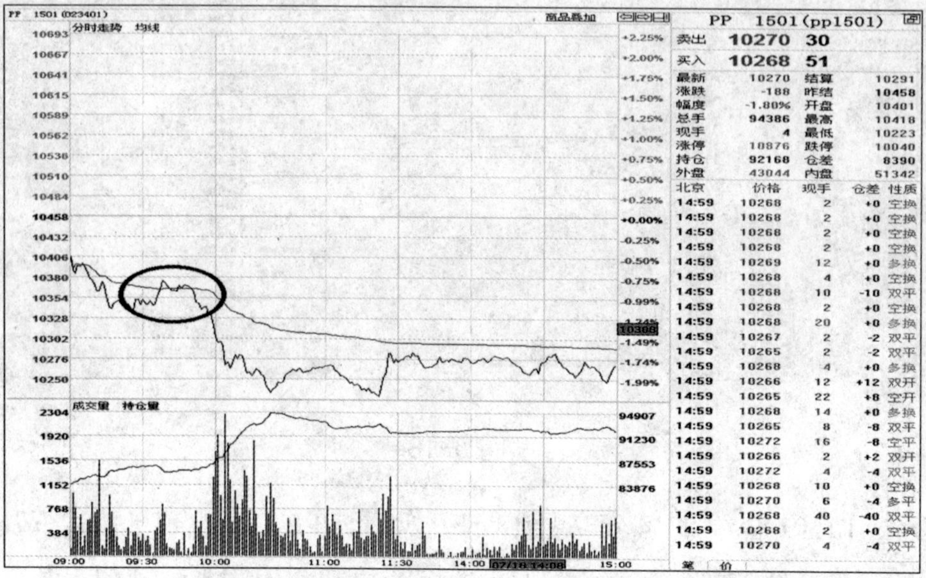

图 6-17

PP1501 合约 2014 年 7 月 18 日开盘一波放量下跌之后，价格出现了反弹的走势，其反弹的高点向上突破了均价线，虽然很快又回到了均价线下方，但是这个反弹的过程却可以成为投资者判断目标品种的一个标准。

PP 突破了均价线，那么，就要看一下与之相关的 L 在同期反弹时是否也形成了如此的走势，或是二者的走势有什么样的差异。单独查看一个品种的走势，有时容易受到价格临时波动的干扰，但如果经过走势上的对比，便可以更清楚地了解关联品种的整体波动性质，从而确定出更符合涨跌性质的目标品种。

请看图 6-18，L1501 合约 2014 年 7 月 18 日走势图。

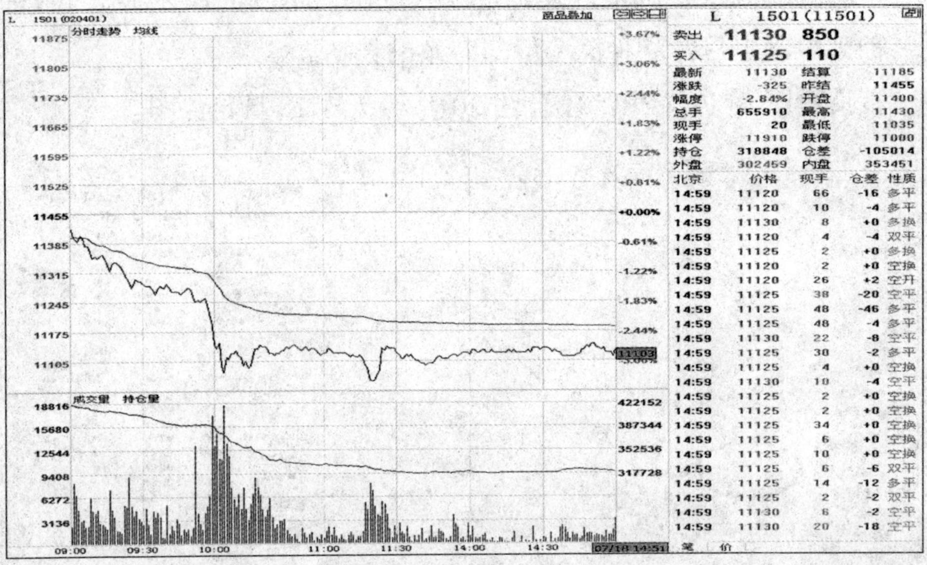

图 6-18

L1501 合约 2014 年 7 月 18 日开盘后与 PP 一样出现了放量下跌的走势，经过一轮放量下跌后，L 同步反弹，但是其反弹的走势非常弱，虽然价格波动性质为反弹，便却始终弹不起来，仅以减速下跌的方式完成了反弹。

L1501 合约在反弹的时候，其分时线并未像 PP1501 合约一样向上突破均价线，而是始终位于均价线的下方，对比二者的走势便可以看到，L1501 合约的空头力度更大，更适合作为二者反弹出现时继续做空的目标对象。

请看图 6-19，橡胶 1409 合约 2014 年 7 月 18 日走势图。

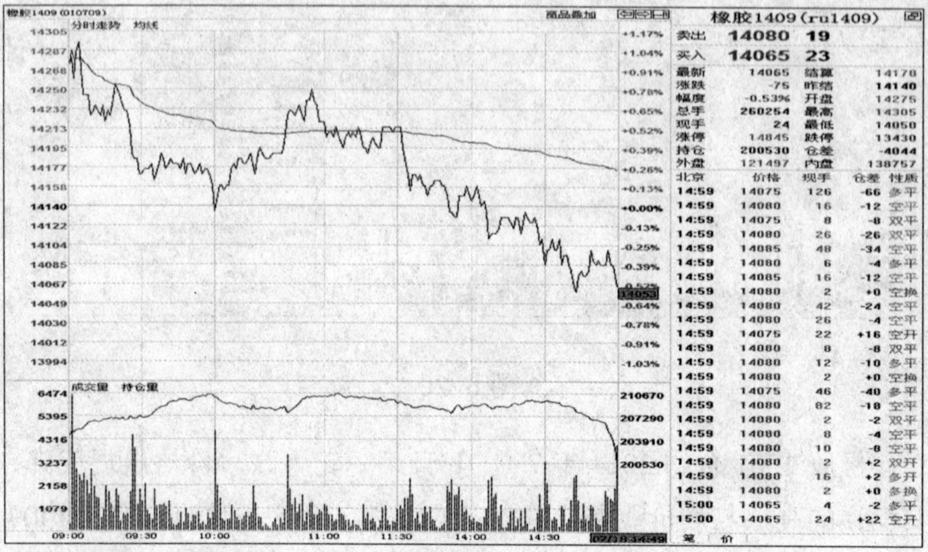

图 6-19

橡胶 1409 合约 2014 年 7 月 18 日开盘经过了一小时的下跌之后，价格出现反弹，其反弹的幅度比较大，分时线向上突破了均价线，虽然很快出现回落，但分时线却与均价线纠缠了一段时间之后才又重新下跌。

价格在上午 10 点之后至收盘区间的交易机会较难把握，分时线在均价线下方，不管价格如何反弹都不可以做多，虽然突破均价线之后可以做多，但其介入位却难以把握。价格波动交易难度变大时，不妨试着将相关的品种进行走势上的对比，这样将会更容易地发现交易机会，以及确定最适合进行交易的目标对象。

请看图 6-20，橡胶 1501 合约 2014 年 7 月 18 日走势图。

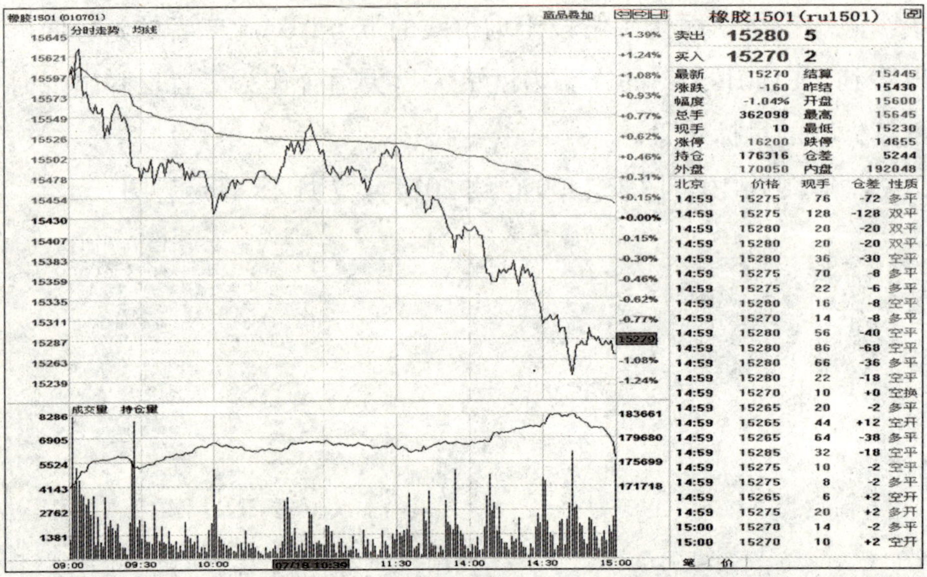

图 6-20

橡胶 1501 合约 2014 年 7 月 18 日第一轮下跌后价格出现反弹，其反弹的高点与均价线保持着一定的距离，而这一时期，橡胶 1409 合约反弹的高点则正好触及均价线，从这一回合的表现来看，橡胶 1501 合约已在盘中有明显弱于橡胶 1409 合约的迹象。

自 10：00 点开始的反弹，虽然橡胶 1501 合约的反弹高点也向上突破了均价线，但是，分时线位于均价线上方的时间明显短于 1409 合约，并且突破的幅度也小于橡胶 1409 合约。反弹后的走势橡胶 1409 合约与均价线纠缠，而 1501 合约则干脆位于了均价线的下方，通过这一时期的走势对比，又可以发现橡胶 1501 合约的弱势明显超过 1409 合约，下午该对谁进行做空可谓是一目了然了。

从上午的走势来看，橡胶 1501 的空头迹象明显于 1409 合约，因此，下午它的下跌幅度也超过了 1409 合约，技术性强弱明显，从而直接导致跌幅更大，这是最为美完的走势。

请看图 6-21，鸡蛋 1409 合约 2014 年 7 月 18 日走势图。

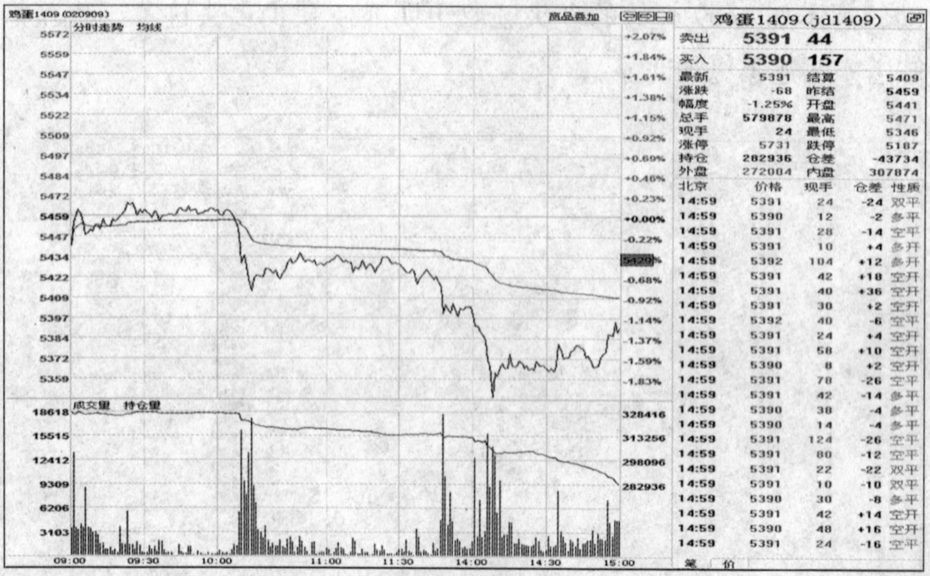

图 6-21

鸡蛋 1409 合约 2014 年 7 月 18 日开盘后略经震荡，分时线便位于了均价线上方，在价格保持多头波动状态时，保持做多的思路是完全没错的，但也一定要在分时线向下击穿均价线的时候，及时地转变交易的思路。

价格在跌破了均价线之后，便出现了一轮走势中规中矩的下跌形态：放量下跌，缩量箱体反弹，而后再放量创新低。那么，在价格向下突破均价线的时候，鸡蛋 1409 合约是最合适的交易对象吗？再看一下鸡蛋 1501 合约便可知晓答案。

请看图 6-22，鸡蛋 1501 合约 2014 年 7 月 18 日走势图。

鸡蛋 1501 合约 2014 年 7 月 18 日开盘后出现了一波杀跌，仅是开盘时的杀跌就将 1409 与 1501 合约的走势区分了出来，明显鸡蛋 1501 合约下跌的势头更强一些。

随后，鸡蛋 1409 合约分时线始终在均价线上方，虽然 1501 合约分时线也有在均价线上方的迹象，但是却是围绕均价线上下波动，远不如 1409 合约的多头迹象更明显。缺少多头迹象，也就意味着空头迹象更加明显。

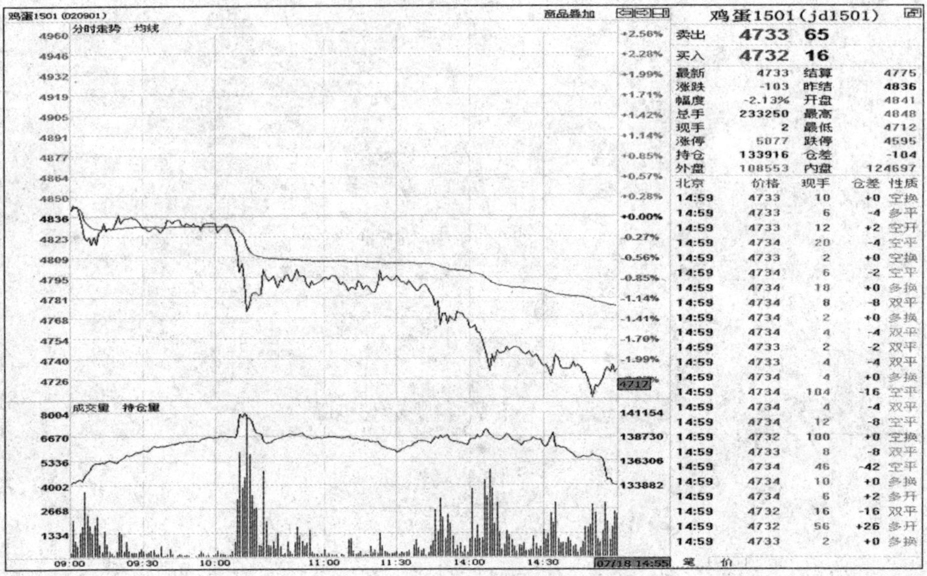

图 6-22

在价格向下跌破均价线之前，便已经可以很容易地区分出谁更适合做多以及适合做空。如果价格上涨，那就要对鸡蛋 1409 合约做多，而如果价格下跌，那最合适的目标对象自然就是鸡蛋 1501 合约。

请看图 6-23，菜粕 1505 合约 2014 年 7 月 18 日走势图。

菜粕 1505 合约 2014 年 7 月 18 日开盘上冲以后价格出现了回落，随后分时线围绕着均价线上下进行震荡，就上午的走势来看，除了早盘的上冲区间可以做多以外，其余的时间都应当保持做空的思路。

下午开盘后，分时线又位于了均价线的上方震荡，这个时候，交易的思路随之改变，应当保持做多的思路，直到尾盘期间价格放量下跌时才可以再次入场做空。

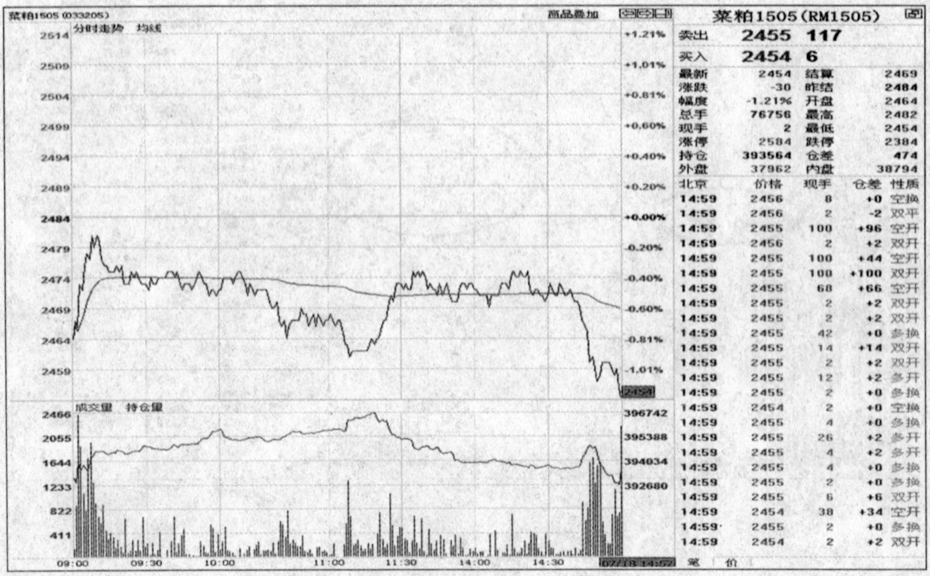

图 6-23

上午做空，下午做多，这样的交易思路覆盖了这一天 80%以上的时间，那么，菜粕 1501 合约是不是上午做空，以及下午做多最合适的目标对象呢？我们去看一下菜粕 1409 合约。

请看图 6-24，菜粕 1409 合约 2014 年 7 月 18 日走势图。

菜粕 1409 合约 2014 年 7 月 18 日开盘快速上冲之后，价格便出现了回落的走势，一波放量使得分时线位于了均价线的下方，直到中午临近收盘分时线才重新回到了均价线的上方，因此，上午的时间，菜粕 1409 合约应当是保持做空的思路。相比菜粕 1505 合约来看，菜粕 1409 合约分时线位于均价线下方，而并不是与均价线纠缠在这一起，这样的走势说明菜粕 1409 合约才是上午做空最理想的品种。

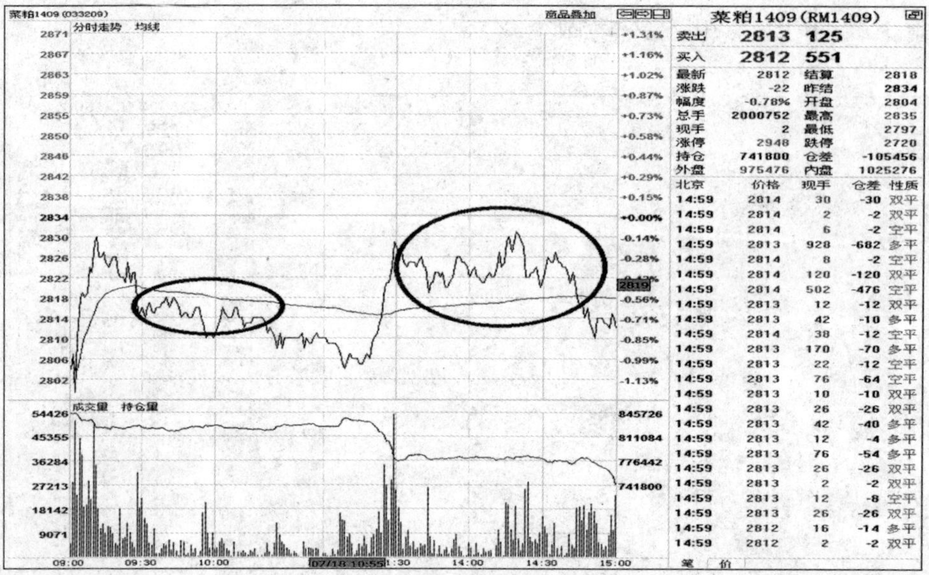

图 6-24

下午的时候，菜粕 1409 合约波动重心悬浮于均价线之上，相比菜粕 1505 合约，均价线的支撑作用更为明显，其分时线形态更偏向于多头状态，所以，菜粕 1409 合约才是下午价格位于均价线上方时最适合做多的品种。

使用均价线对比的方法来确定目标品种，其最大的好处就是可以明确地得知哪个品种走势多头迹象或是空头迹象更加明显，而后选择价格波动偏向于多头的品种做多，选择波动偏向于空头的品种做空，这样的交易方式，更符合价格本身波动的性质，所以，千万不要认为你此时盯着的品种一定是最适合交易的品种，一定要与同板块中的品种对比一下才会知道真正的答案。

第五节　通过突破与破位对比确定目标品种

利用价格波动时突破点或是破位点的走势来确定目标品种，也是一个很重要的分析手段，它不仅可以帮助投资者决策谁更适合于做多或是做空，还可以直接在向上突破或是向下破位的时候入场进行交易。

对比向上的突破点或是对比向下的破位点，主要是从时间上进行对比，看相关的品种在时间上谁率先完成向上的突破或是向下的破位，谁越过这些点位的时间领先，那便意味着资金交易的积极性更高，它就是涨跌的领跑者，想要领着别人跑，自己就得率先跑到前头。

对那些在时间上领先向上突破的品种可于突破点入场进行做多，或者将其视为是后期重点关注的目标，另行寻找机会介入。同理，对于率先向下破位的品种也可以直接于创新低的点位做空，或作为主要目标进行关注，在后面的波动中寻找合适的介入点。

由于之前的高点或是低点都是事先存在的，所以，这种方法确定目标品种就很简单了，只需盯紧突破位便可以，先向上突破或是先向下突破，其走势的差别是很分明的。

请看图 6-25，菜粕 1501 合约 2014 年 7 月 29 日走势图。

菜粕 1501 合约 2014 年 7 月 29 日价格当天保持着明显的多头态势。当日分时线绝大多数的时间都在均价线上方，面对这样的走势，只要坚定做多，寻找合适的开仓点，实现收益是非常容易的。

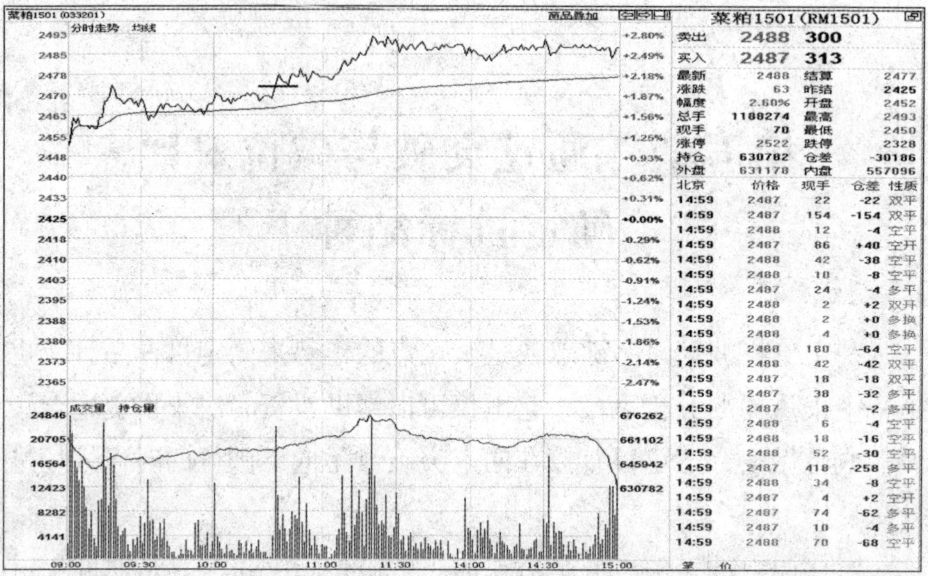

图 6-25

价格早盘的一波上冲之后，调整了近一个小时，到 10：30 左右才形成了向上突破的走势，新高的突破意味着又一轮上涨行情的开始，这个突破点从技术上来讲就是一个好的介入点。

虽然多头的迹象在突破点已经变得很明显了，但它是这一时刻最适合做多的目标对象吗？还是对比一下菜粕 1505 合约为好。

请看图 6-26，菜粕 1505 合约 2014 年 7 月 29 日走势图。

菜粕 1505 合约 2014 年 7 月 29 日价格也同步形成了明显的多头态势，早盘的下探完成之后，分时线便一直悬浮于均价线上方。

菜粕 1501 合约是 10：30 左右形成的新高突破，而菜粕 1505 合约则不同，要比 1501 合约提前了半个小时完成了新高突破。上午 10：00 左右，价格突破了早盘期间上冲的高点，创下盘中最高点，突破的形成意味着又一轮上涨行情的开始，突破点便是介入点。

到了 10：00 左右，菜粕 1505 合约再次创下盘中的新高，这个时候菜粕 1501 合约才随之创出新高，谁是领跑的，谁是跟风的，一目了然。做多自然要去操作那些有能力率先突破，带动相关品种涨的，而不是选择突破时间滞后的品种。

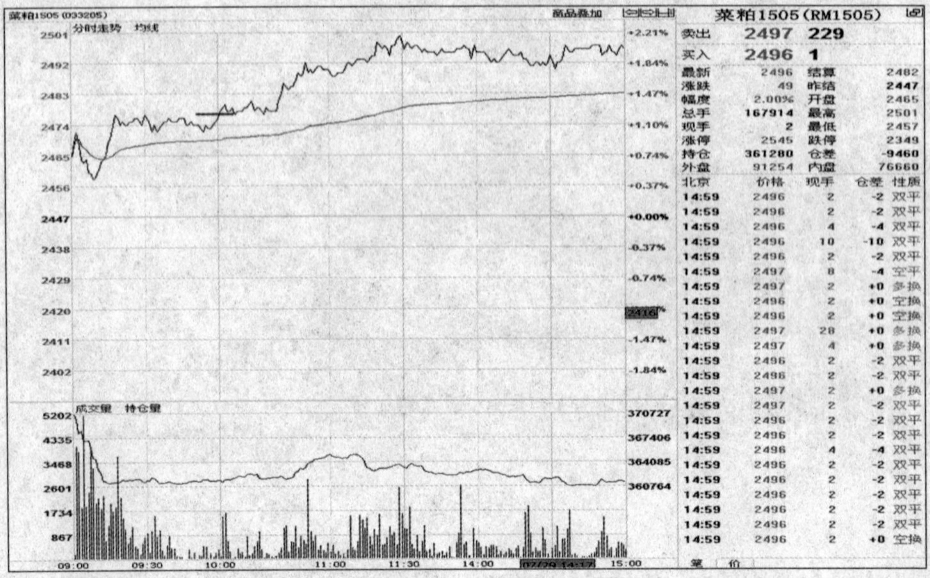

图 6-26

请看图 6-27，鸡蛋 1409 合约 2014 年 7 月 24 日走势图。

鸡蛋 1409 合约 2014 年 7 月 24 日开盘之后价格便快速上冲，而后一整天的时间里，分时线都在均价线上方波动，形成了典型的多头波动形态，只要投资者在这一天始终保持多头的交易思路，赚钱并不是件难事。

9:30 形成了一个高点之后，价格一直位于其下方波动，不过，低点连续抬高的走势预示着价格还有进一步的上涨空间。下午开盘后，放量的出现推动着分时线突破了上午的高点。

突破点即是一个做多的介入点，但在下单前还得想一下，鸡蛋 1409 合约是不是走势最强势的品种呢？

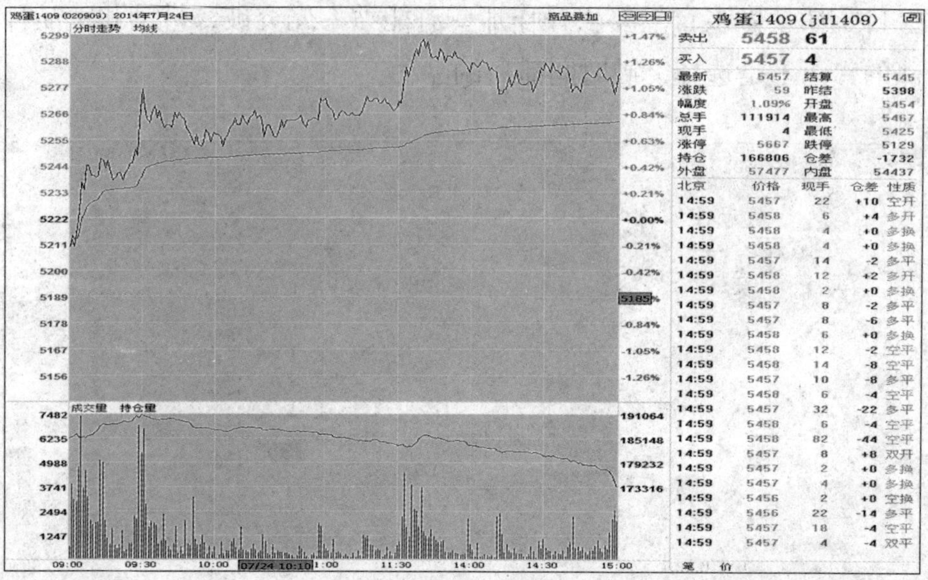

图 6-27

请看图 6-28，鸡蛋 1501 合约 2014 年 7 月 24 日走势图。

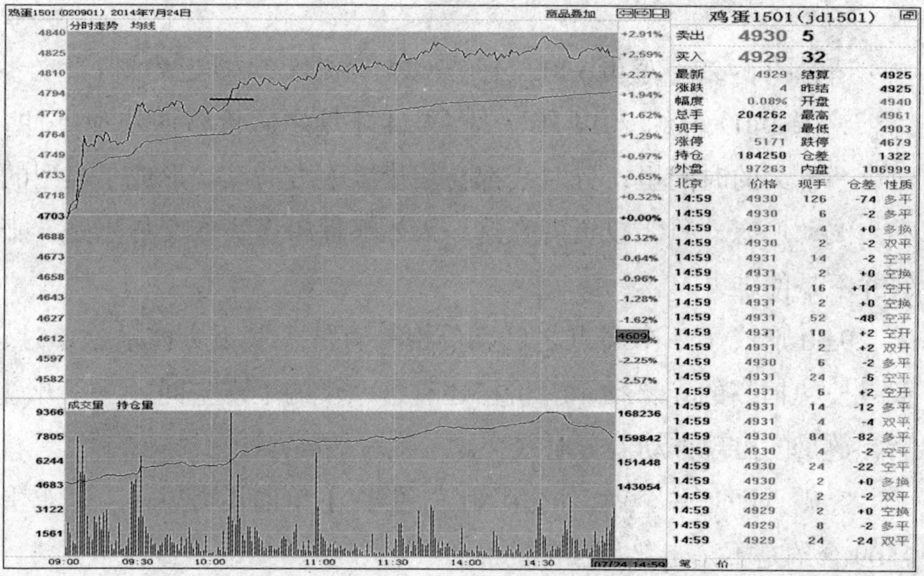

图 6-28

鸡蛋 1501 合约 2014 年 7 月 24 日的分时线自开盘之后，便一路震荡上行，波动重心除了尾盘半小时以外，从没有下移过，只要分时线在均价线上方，价格便易涨难跌。

鸡蛋 1409 合约在下午的时候才创出盘中的新高，但是鸡蛋 1501 合约却在 10:05 左右就再次突破了盘中的高点，而这一时间，鸡蛋 1409 合约的价格还一直在高点下方震荡着。

谁率先形成突破，便意味着资金要率先对谁动手，既然鸡蛋 1501 合约远远早于鸡蛋 1409 合约创出盘中的新高，那么，它自然就是这两个品种中走势最强劲的，做多自然要找它。

请看图 6-29，橡胶 1409 合约 2014 年 7 月 9 日走势图。

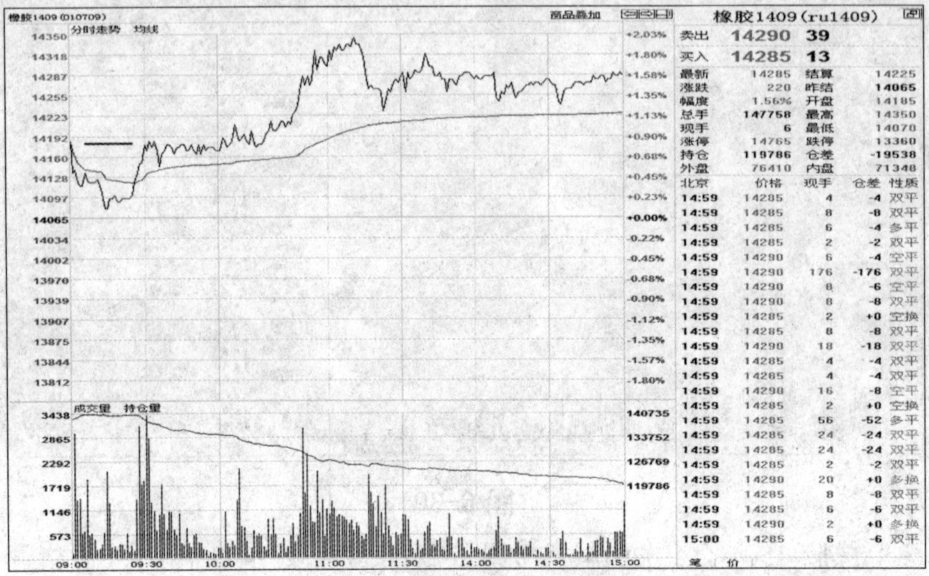

图 6-29

橡胶 1409 合约 2014 年 7 月 9 日早盘下跌了十几分钟后，价格快速拉回，并在开盘价附近形成蓄势震荡的走势，经过了一段时间震荡，价格向上创出新高，并有了一波快速拉升的走势。

一波上涨拉至压力位，而后强势横盘调整化解压力，价格的波动形态中规中矩，技术形态可圈可点。一旦价格向上突破这个横盘区间的震荡高点，买点也就随之形成。不过在准备买入某个品种之前，一定要花上一二分钟完成一个分析的流程：对比一下相关或同类品种其他月份（要求是次主力合约）的走势，看看二者有什么差异，谁的走势更强，而后确定最终的目标品种，然后再耐心等待介入点的出现。

请看图 6–30，橡胶 1501 合约 2014 年 7 月 9 日走势图。

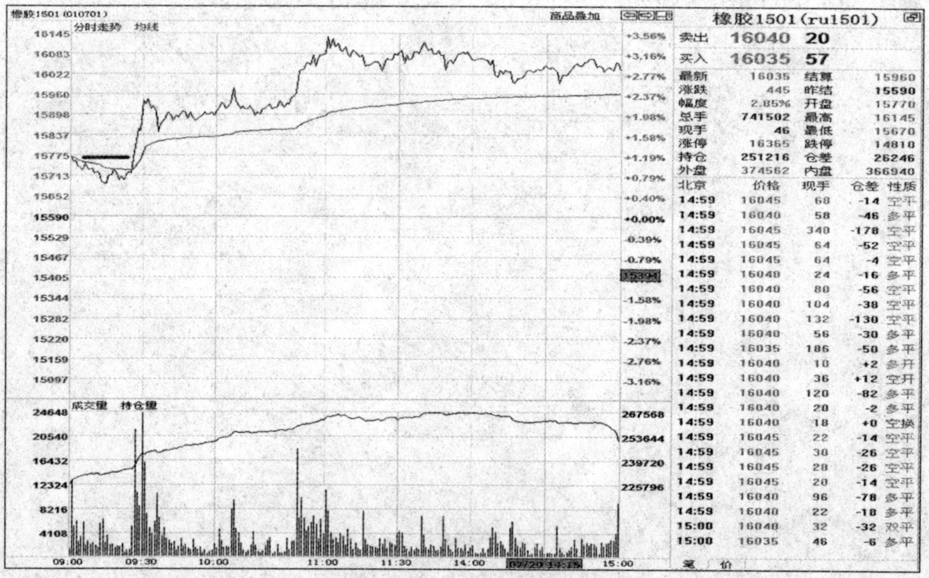

图 6-30

橡胶 1501 合约 2014 年 7 月 9 日随同橡胶 1409 合约，价格开盘出现了回落，随后也出现了一波上涨，但就是这波上涨使得两个月份合约的走势出现了极大的差别。橡胶 1409 合约上行至开盘价处时停止了上涨出现调整，但橡胶 1501 合约却直接突破了盘中的新高，在远高于开盘价的位置形成调整的走势。

虽然这一波价格上行的速度非常快，并且在识别的过程中就快速形成了突破，使得实际的交易很难完成，但不能因为错过这样的上冲机会就感到可惜，反而应当以机会的眼光和快乐的心情去面对：虽然这一波上涨没做到，但此时经过对比，谁更适合做多岂不是非常清楚了吗？既然橡胶 1501 合约走得这样强，那它后面肯定还有机会，把握住下一次机会不也是可以赚到钱吗？

强弱区分出来了，橡胶 1409 合约也就没必要去理会它的买点了，而是应当把精力放在橡胶 1501 合约身上，一旦它有再次启动上涨的迹象，便需要入场做多，率先突破的品种，往往都会容易给投资者带来再一次获利的机会。

请看图 6-31，鸡蛋 1409 合约 2014 年 5 月 21 日走势图。

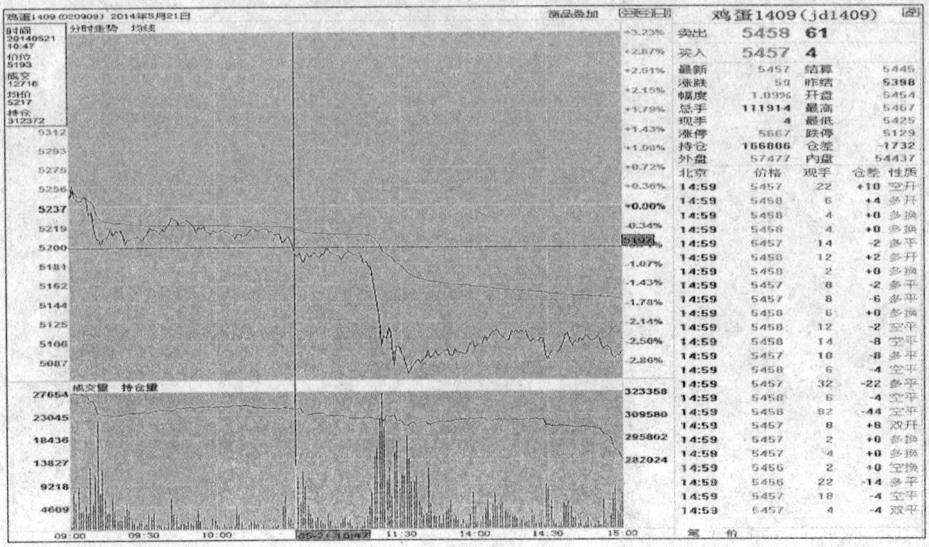

图 6-31

鸡蛋 1409 合约 2014 年 5 月 21 日开盘后价格便出现了回落，这一天绝大多数时间，分时线都在均价线的下方，这样的走势无疑要求着投资者一定要保持着做空的思路，任何做多的想法与操作，都很难在这一天实现盈利。

一波下跌结束后，价格出现反弹，经过一段时间震荡，于 10:47 时鸡蛋 1409 合约再度创下新低，由于开盘以后价格整体的波动形态非常弱，因此，破位走势的出现则是顺应波动性质最理想的做空点。

鸡蛋 1409 合约破位的时间确定了，那么，它是不是同类品种中走势最弱的呢？在实际分析的时候，需要对比一下其他合约的走势（要求成交量达到一定程度的次主力合约，远期量能稀少的品种没有对比的价值），以此确定价格波动的强弱关系。

请看图 6-32，鸡蛋 1501 合约 2014 年 5 月 21 日走势图。

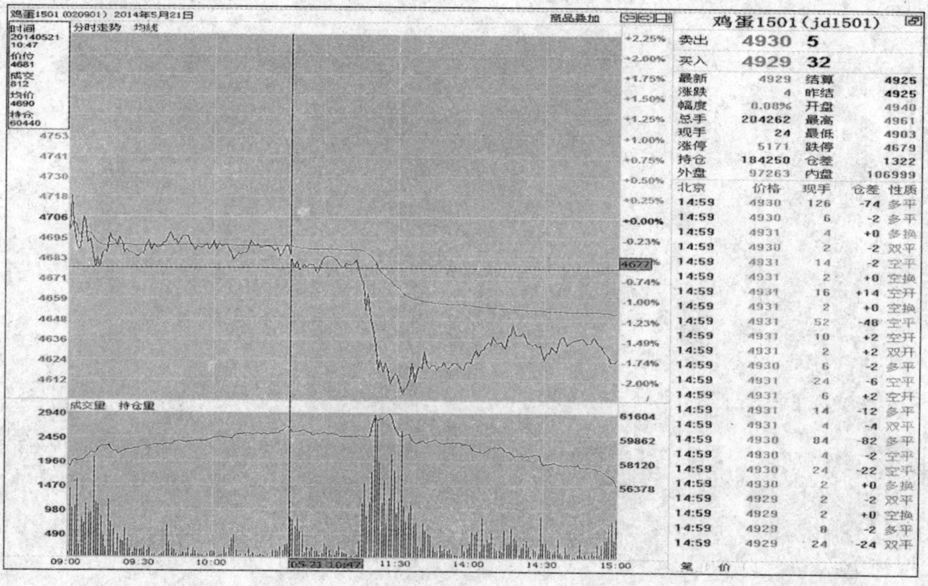

图 6-32

鸡蛋 1501 合约 2014 年 5 月 21 日早开盘以后虽然价格整体的波动空头略占上风，但空头迹象并不是非常明显，早盘的下跌不如鸡蛋 1409 合约凌厉，随后的反弹也总是与均价线相互纠缠着，从整体形态来看，无论是进行对比，还是单一查看这个品种的走势，其走势都并不是太适合于做空的理想对象。

上午 10：42 时价格下跌至了早盘低点的位置，从分时形态来看，并未形成有效破位，但在这个时间点，鸡蛋 1409 合约却已明确创下了新低，此这个时间点，谁的空头力量更强大，谁的走势更适合于做空，便可以做到一目了然了。

就算在 10：42 时的破位点没有入场进行交易，至少也可以把交易的目标锁定为鸡蛋 1409 合约，而并非鸡蛋 1501 合约。找到了最适合做空的目标品种，分析的工作也就完成了一半，接下来要做的事情就是盯死鸡蛋 1409 合约，一旦其走势上有再次下跌的迹象，便可以入场进行做空交易。

在价格上涨的过程中，多头力度强的品种必然会率先突破前期的高点，同理，价格下跌过程中，空头力度强的品种则会率先向上创出新低，并带领着跟风品种一起涨跌，因此，这种交易的方法是实战交易过程中，投资者必须要掌握的一种对比确定目标品种的方法，与其他方法不同之处在于：一旦哪个品种率先形成了新高的突破，或是新低的突破，不仅在这个时间点确定了目标对象，更可以在破位点直接进行交易。只不过这种方法的使用有一个要求，那就是必须要在显示器上至少显示两个界面，以此才可以在第一时间发现更适合交易的目标，并直接入场交易。

第六节　通过调整或反弹对比确定目标品种

利用价格向上突破，或是向下破位的方法来确定目标对象，不仅可以直接锁定交易的对象，更可以在突破点直接入场交易。但是由于这种分析与操作方法要求投资者的反应速度比较快，所以，有些时候，并不能在破位点或是向上的突破点顺利完成交易。一旦错过了这些点位的交易机会，就需要再结合着后期价格调整或反弹的走势，再次进行对比以进一步确定之前的目标品种在调整或反弹时是否依然保持着强势状态。

除非价格只形成一轮涨跌行情，否则多数情况下，涨跌行情往往都会有几波的延续，上涨、调整、再上涨、再调整，或是下跌、反弹、再下跌、再反弹，这样一来，留给投资者决策的时间就会多了，并且介入机会的次数也将会增多。错过了价格上涨或是下跌，并没有什么关系，只要对后面的调整或是反弹走势进行一番细致的对比，目标品种是谁便可以轻松地判断出来。

在价格上涨的之后出现调整时，查看一下调整的幅度、调整出现时的位置，对比两个品种，看谁调整的幅度小，看谁调整的位置高，调整幅度小与调整位置高的品种必然是多头力度更强的品种，后期它上涨的概率自然也是最大的。

在价格下跌之后出现反弹时，查看一下反弹的幅度和反弹时出现的位置，对比两个品种，看谁反弹的幅度小，看谁反弹的位置低，反弹幅度小与反弹位置低的自然是空方力量强大的体现，价格也就容易下跌了。

如果价格形成了箱体震荡，整体走势偏空，那么，就看一下谁的高点更低，因为高点代表了多方的反抗，高点位置低自然空方力量大。如果整体走势偏多，则看一下谁的低点位置高，低点位置高自然说明多方力量强一些，一旦有上涨迹象，它更容易上涨。

请看图 6-33，橡胶 1409 合约 2014 年 5 月 29 日走势图。

橡胶 1409 合约 2014 年 5 月 29 日开盘价格一波快速上冲之后出现了长时间的震荡走势，分时线围绕着均价线上下震荡，价格后期是涨是跌很难分辨，这个时候要做的就是选择好最适合的目标对象，而后静待价格的波动给出明确的方向。

在价格箱体波动区间，分时线的低点没有明显的破位迹象，而分时线的高点则呈现了抬高的迹象，从这个角度来讲，这样的震荡形态，一旦价格有上涨的动作，便是比较合适的做多目标品种了。

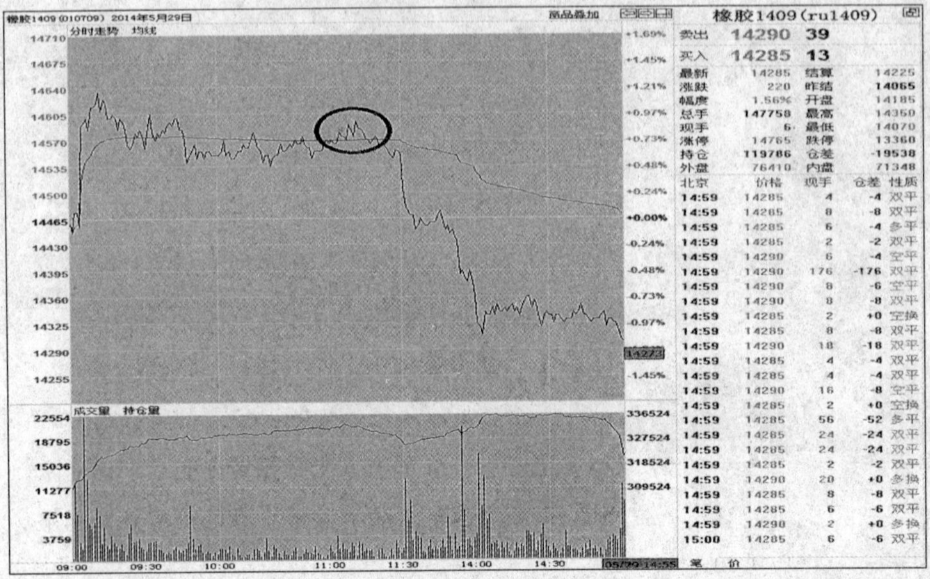

图 6-33

请看图 6-34，橡胶 1501 合约 2014 年 5 月 29 日走势图。

橡胶 1501 合约 2014 年 5 月 29 日早盘上冲以后价格形成了同步震荡的走势，但是，在震荡区间，分时线大部分时间都位于均价线的下方，这样的走势空头性质较为明显。同时，价格反弹的高点均受到了均价线的压力，没有形成高点抬高的迹象，相比橡胶 1409 合约来讲，分时线与均价线的位置偏空，价格震荡的高点相比之下要低，因此，橡胶 1501 合约的走势适合于盯空。

整体走势橡胶 1409 合约适合于盯多，而橡胶 1501 合约则适合于盯空，如果价格后期出现上涨，则应当对橡胶 1409 合约进行做多的操作，但如果价格后期出现下跌的走势，则应当对橡胶 1501 合约进行做空的操作。

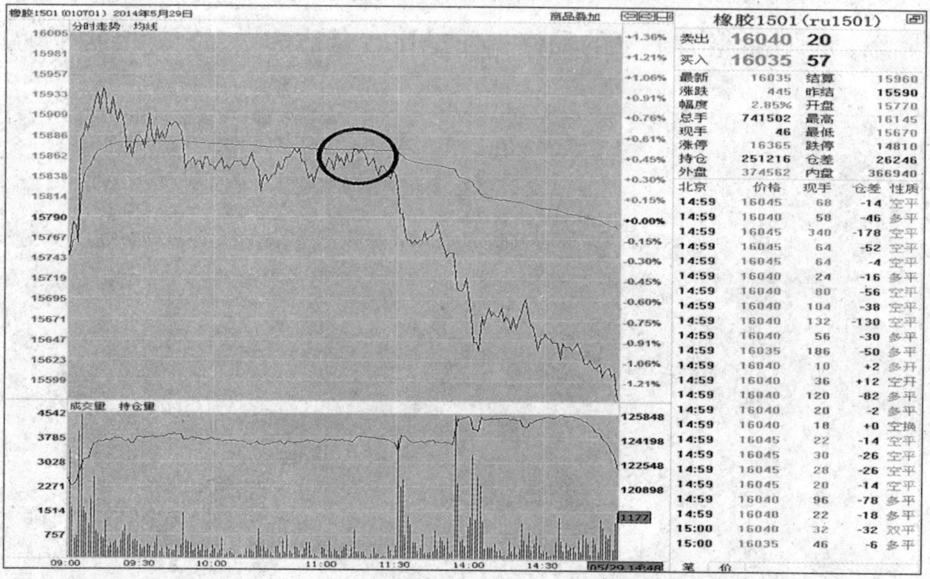

图 6-34

由于价格处于震荡区间，未来是涨是跌较难判断，因此，需要做好两手准备，如果价格后期向上，那就做多头迹象明显的品种；如果价格后期向下，则去操作空头迹象明显的品种，这样无论价格是涨是跌，都有最合适的目标对象摆在那里。

请看图 6–35，橡胶 1409 合约 2014 年 5 月 27 日走势图。

橡胶 1409 合约 2014 年 5 月 27 日开盘之后，价格形成了小幅度的震荡走势，分时线在均价线上方，这意味着这一区间不适合进行做空的操作，但同时，价格波动时的高点呈现了降低的态势，这样的走势又意味着多头力度并不是太强，因此，在进行交易的时候，该区间并不是合适的动手区间。

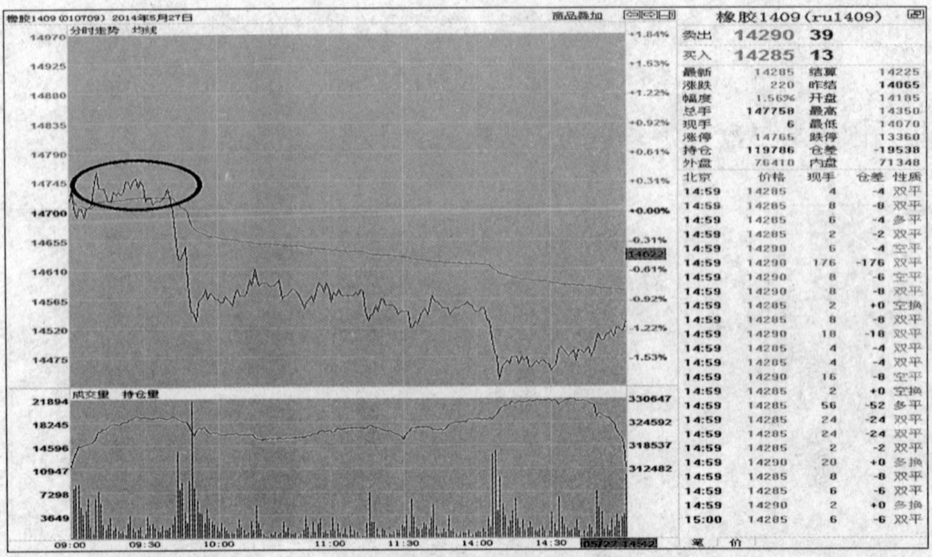

图 6-35

价格波动存在矛盾，要做的事情就是静待行情的变化，向上突破震荡高点则可以做多，向下跌破均价线或创下开盘以来的新低则可以动手进行做空的交易。只有在方向明确的时候进行交易，才更容易实现盈利，否则就只能是一种赌博的交易行为了。

请看图 6–36，橡胶 1501 合约 2014 年 5 月 27 日走势图。

橡胶 1501 合约 2014 年 5 月 27 日开盘之后价格形成了上涨的波动态势，从早盘期间的走势来看，橡胶 1409 合约与橡胶 1501 合约走势上的差别就非常明显了。橡胶 1501 合约高点抬高趋势向上，而橡胶 1409 合约高点降低，弱势明显。因此，就早盘期间的交易来讲，橡胶 1409 合约由于走势未明应当放弃跟踪，而对橡胶 1501 合约关注多单。

早盘的波动结束后，两个品种的分时线都向下跌破了均价线，这意味着价格的波动进入了空头状态，此时应当转变交易的方向。由于早盘橡胶 1501 合约走势多头迹象明显，因此，它在价格下跌的时候，是不适合进行做空交易的，而橡胶 1409 合约早盘期间走势较弱，因此，在分时线跌破均价线的时候，可以对它进行做空交易，因为从早盘开始，它的走势更适合于进行做空操作。

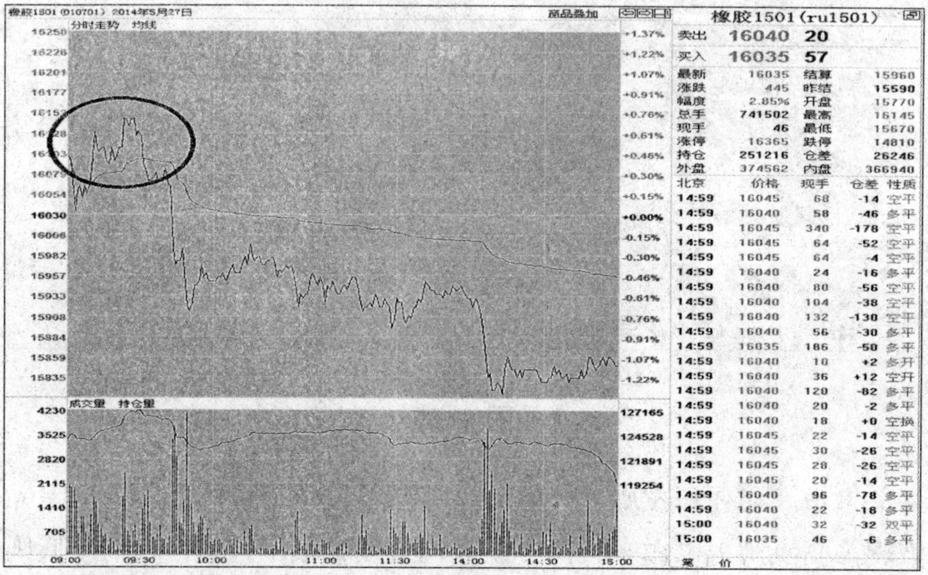

图 6-36

通过对震荡高点的走势可以确定出谁在当前适合于做多或是做空，但这并不代表价格后期的波动方向会一直延续，一旦波动方向发生变化，就应当寻找符合波动方向的品种进行操作，这样才更容易实现安全性较高的收益。

请看图 6-37，鸡蛋 1409 合约 2014 年 7 月 2 日走势图。

鸡蛋 1409 合约 2014 年 7 月 2 日开盘之后，分时线一直在均价线上方运行，这样的波动形态要求着投资者必须要保持做多的思路，并寻找合适的点位执行做多的交易。分时线只要在均价线上方，不要有任何做空的想法，这样的交易思路可以确保投资者的操作不会出现大问题，就算有风险，其风险也是完全可控的，并且很容易在下一次操作时轻松扳回的。

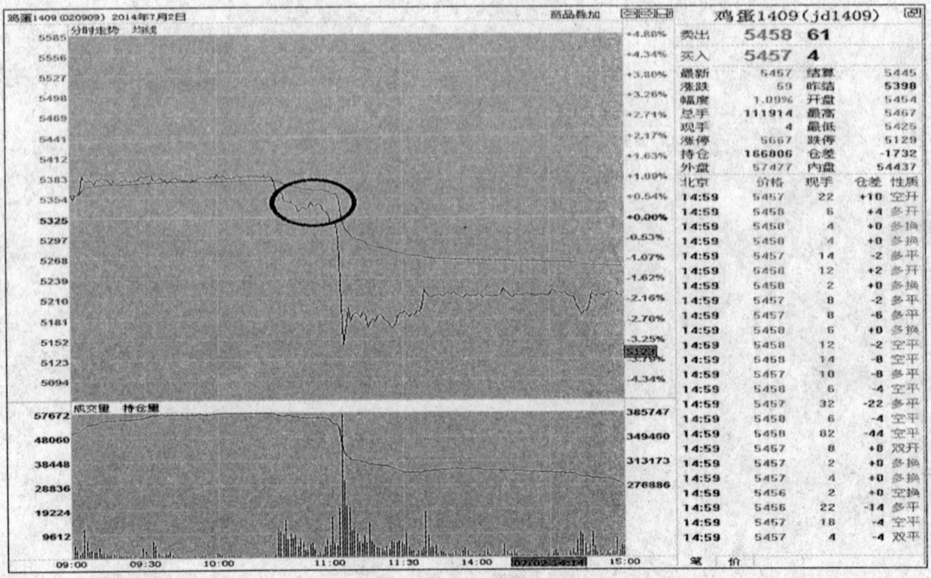

图 6-37

经过了一个多小时的震荡之后，价格向下跌破了均价线，此时，价格由多头波动性质转变成为空头波动性质时，操作的方向自然也要随之转变，此时，应当保持做空的态度。一波下跌之后，价格出现了反弹的走势，由于反弹时成交量明显萎缩，因此，这一次反弹为投资者提供了绝好的介入机会，既可以逢高进行做空，也可以在价格向下破位的时候进行做空操作。

既然反弹给出了足够的时间进行决策，那么，在这个区间还是需要对比一下鸡蛋 1501 合约的走势，来看看它们两个谁才是空头迹象更加明显的对象。

请看图 6-38，鸡蛋 1501 合约 2014 年 7 月 2 日走势图。

鸡蛋 1501 合约 2014 年 7 月 2 日开盘之后虽然分时线大部分时间也在均价线上方，但是，相比鸡蛋 1409 合约这一区间的走势，还是要弱一些的，因为鸡蛋 1409 合约从未跌破过均价线，而鸡蛋 1501 合约却有跌破均价线的迹象。

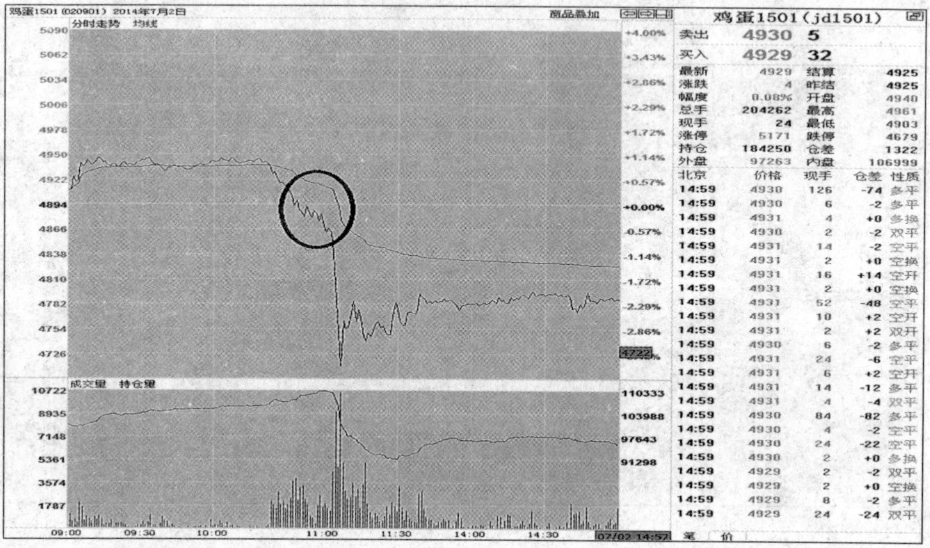

图 6-38

下跌中途反弹时，二者的差别就更大了，鸡蛋 1409 合约以小幅向上的态势进行反弹，而鸡蛋 1501 合约却以减速下跌的方式进行反弹，价格弹而不起，这说明资金做空的态度非常坚决，根本不给多方反抗的机会。由于下跌形态二者一致，都是放量下行，所以较难对比出谁强谁弱，但是，通过反弹，强弱已变得非常明显了。

当发现了鸡蛋 1501 合约具备更加明显的空头波动形态时，就需要将它视为是做空的目标对象，虽然说谁的走势更弱并不代表未来一定会跌的最多，但是，谁的走势更弱却是做空最理想的对象，总不能对多头反抗力量大的品种做空吧？

请看图 6-39，L1501 合约 2014 年 6 月 10 日走势图。

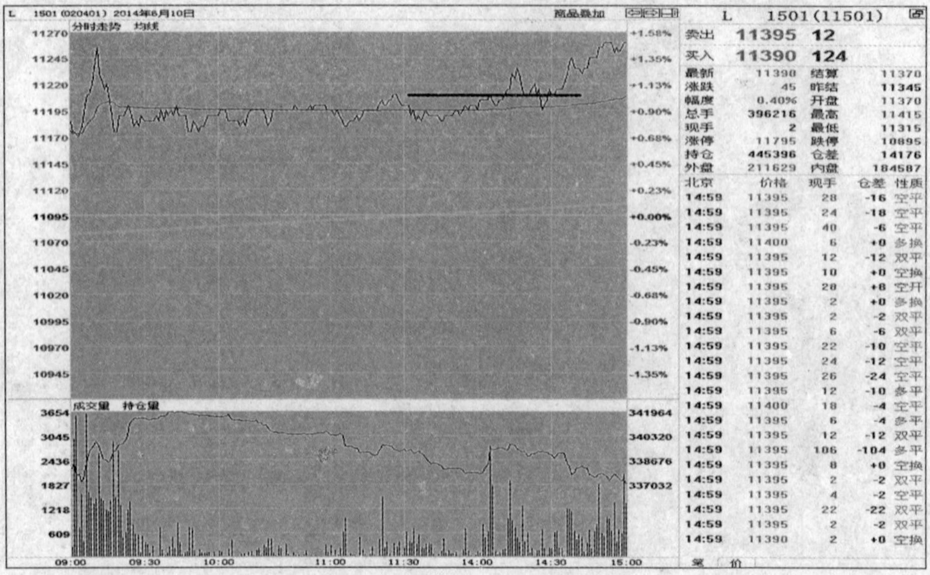

图 6-39

L1501 合约 2014 年 6 月 10 日早盘经过了上冲回落的走势以后，出现了长时间的震荡走势，在价格震荡的过程中，低点形成了抬高的迹象，并且高点也同步抬高的形态出现，虽然整体性的上升趋势并没有出现，但是，多头的力度大于空头已可以从分时线的波动形态上做出判断。

价格的波动偏向于多头，就需要随时留意上升趋势的出现，一旦价格有起涨动作便可以入场进行操作。下午的时候，价格突破了午盘时的高点，虽然随后又出现了调整的走势，但是，其调整低点却受到了均价线的支撑，此时的走势，多头的机会已有到来的信号。

在利用调整低点准备进行做多操作时，千万别忘了一件事，那就是对比一下相关的品种，看一看 L1501 合约是不是做多最合适的目标对象。

请看图 6-40，PP1501 合约 2014 年 6 月 10 日走势图。

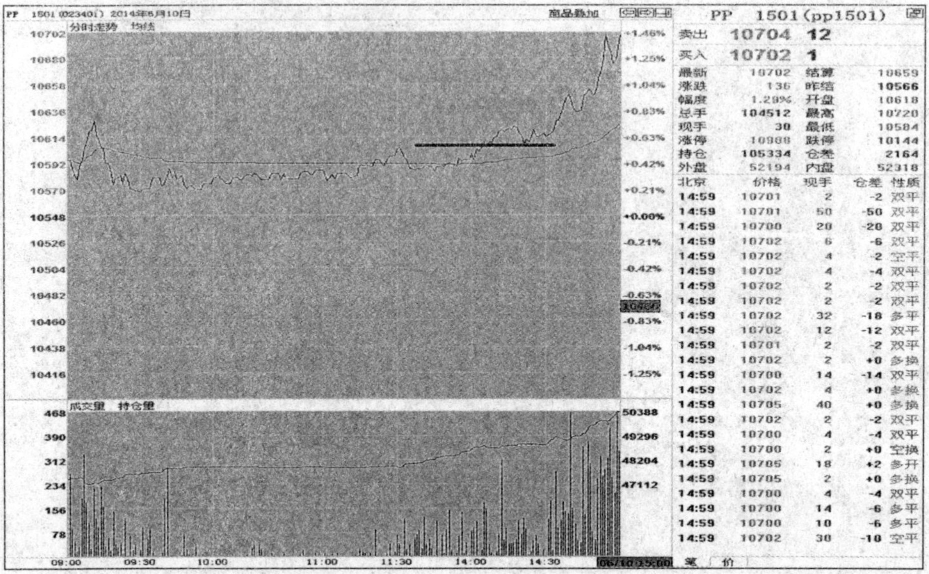

图 6-40

PP1501 合约 2014 年 6 月 10 日经过长时间在均价线下方的波动之后，分时线逐步爬上了分时线，随同 L1501 合约一起突破了午盘时的高点，突破走势出现的时候，二者的波动形态没有任何分化，但随后的调整却使得二者的走势发生了差异。

L1501 合约调整的低点跌破了午盘时的高点，但是，PP1501 合约调整的低点却位于午盘时高点的上方，PP1501 合约调整低点的位置更高，这说明价格并不想下跌，这是多头力量强大的一种表现，一经对比也就知道了谁才是后面最适合做多的对象，显示是 PP1501 合约，这也是尾盘 PP1501 合约涨幅超过 L 的原因，就是这么一个调整决定了后面走势上的差异。

下跌的时候对反弹走势进行对比分析，是因为反弹是多方反抗的体现，从反弹走势中我们可以了解到多方的力量，如果多方力量强大，后期价格跌下去的概率就会减小，但是，如果多方力量很虚弱，那么，价格就更容易下跌。

而对上涨后的调整进行对比分析，是因为调整是空方反抗的体现，若调整的幅度深则说明空方力量大，价格后期继续上涨的难度加大；如果调整幅度浅，则说明空方力度小，价格也就更容易在后期出现上涨的走势。

在进行交易的时候，多空的力度要看，但也要看对手的力度，一波上涨与随后的调整，可以完整地对比出二者的力度。同样，一波下跌与随后的反弹也是多空双方一个完整回合的较量，其力量的对比也就更容易识别出来了。